《中华人民共和国反垄断法》

知识读本

国务院反垄断委员会　编

人 民 出 版 社

目　录

目　录

导　论

　　反垄断法是规制垄断行为,维护市场竞争秩序的最基本、最重要的法律制度,在市场经济国家具有举足轻重的地位。在美国,反垄断法被称为"自由企业的大宪章",在德国被称为"经济宪法",在日本被称为"经济法的核心",我国《反垄断法》已于 2008 年 8 月正式实施。反垄断法的目的在于保护和促进市场竞争、发挥市场资源配置的基础性作用。在经济全球化背景下,世界各国普遍重视利用反垄断法律制度,预防和制止垄断行为,保护市场公平竞争,提高经济运行效率,维护消费者利益和社会公共利益,促进经济健康发展。

一、反垄断法律制度的产生和发展

　　现代意义上的反垄断法律制度诞生于美国。19 世纪末,美国南北战争结束后,随着全国铁路网的建立和扩大,原来地方性和区域性的市场迅速融为全国统一的大市场。大市场的建立一方面推动了美国经济的迅速发展,另一方面也推动了垄断组织即托拉斯（Trust）的产生和发展。托拉斯是由许多生产同类商品的企业或在生产上有密切联系的企业，为了垄断某些商品的产销并获取高额垄断利润而组成的大垄断企业或企业集团。1879年美孚石油公司即美国石油业第一个托拉斯的建立，标志着美国历史上第一次企业兼并浪潮的开始。随着兼并活动日益加剧，托拉斯在美国日渐成为难以控制的经济势力。过度的经济集中不仅使社会中下层人士饱受垄断组织滥用市场势力之苦，也使市场普遍失去了活力。在这一背景下，美国爆发了抵制托拉斯的大规模群众运动，这种反垄断思潮导致1890年《保护贸易及商业不受非法限制与垄断危害法》的诞生。由于该法案是参议员谢尔曼提出的，因此又称为《谢尔曼法》（Sherman Act）。《谢尔曼法》的颁布，标志着现代意义上反垄断法律制度的产生。《谢尔曼法》不仅在美国的法律体系中占有重要地位，也对其他国家的反垄断立法产生了广泛而深刻的影响。

第二次世界大战结束后，在美国及盟国的影响之下，日本在1947年颁布了《禁止私人垄断和维护公平交易法》，德国于1957年颁布了《反限制竞争法》，并结合本国国情予以实施，打破高度集中的战争经济体制，实行自由开放的市场经济体制。美国、日本、德国通过有效实施反垄断法来防止垄断和促进竞争,其经济得以迅速发展,受此影响,其他国家反垄断立法积极性显著提高。1958年生效的《欧洲经济共同体条约》第85条至第90条确立了欧共体的竞争法律规则,随着实践进一步发展,欧共体理事会于1989年颁布了《欧共体企业合并控制条例》,把控制企业合并作为欧共体竞争法的重要内容。意大利在1990年颁布了反垄断法,它是发达市场经济国家中颁布反垄断法最晚的国家。现在,经济合作与发展组织(OECD)的所有成员国都有反垄断法。

　　20世纪80年代以来,随着世界各国经济政策总体向民营化、减少政府行政干预和反对市场垄断转变,多数国家反垄断立法的步伐大大加快。这一方面表现在亚洲、非洲和拉丁美洲的许多发展中国家纷纷制定或者强化了它们的反垄断法,另一方面表现在苏联和东欧集团的国家也都积极进行这方面的立法。到1991年,中欧和东欧地区的绝大多数国家包括保加利亚、罗马尼亚、克罗地亚、爱沙尼亚、哈萨克斯坦、立陶宛、波兰、俄罗斯、匈牙利等都颁布了反垄断法。近年来,随着这些地区的许多国家积极地申请加入欧盟,它们又都根据欧共体竞争法进一步强化了自己的反垄断法。据统计,世界上目前颁布了反垄断法的国家或地区大约有100个。这些国家都已经普遍地认识到,垄断不仅会损害企业的效率,损害消费者的利益,而且还会遏制一个国家或者民族的竞争精神,而这种竞争精神才是一个国家经济和技术发展的真正动力。

纵观各国的反垄断法律制度,尽管产生背景和立法模式不尽相同,但是立法目的和基本制度大体一致,具体表现在以下三个方面:

其一,立法目的均在于禁止垄断和其他限制竞争的行为,创造公平竞争的良好环境,使市场在资源配置中的基础性作用能够充分发挥,保证经济健康发展。

其二,具体制度均以禁止垄断协议、禁止滥用市场支配地位、控制经营者集中作为反垄断法的主要内容。这三大块内容通常被称为反垄断法的"三大支柱"或"三块基石"。

其三,均根据本国的经济发展水平和发展阶段来调整和修订本国的反垄断法。无论是美国、欧盟还是其他国家,反垄断法都不是一成不变的,各国均根据现实经济情况及时调整和修订反垄断法,使其更好地适应本国的情况。

二、我国《反垄断法》的立法背景和意义

1992 年党的十四大把建立社会主义市场经济体制确立为经济体制改革的目标。1993 年 3 月,八届全国人大一次会议通过的宪法修正案规定:"国家实行社会主义市场经济。"为了充分发挥市场配置资源的基础性作用,一方面要坚持社会主义市场经济的改革方向,完善社会主义市场经济体制;另一方面要建立健全市场竞争法律制度,为社会主义市场经济体制提供法制保障。1993年9月,全国人大常委会通过了《反不正当竞争法》。这部重要法律的颁布实施,对于维护公平竞争,制止不正当竞争行为,保护经营者的合法权益,维护社会主义市场经济秩序,发挥了积极作用。近些年来,随着改革的深化、开放的扩大,市场经济不断发展,经济领域中出现了一些新情况新问题。经济结构调整步伐加快,企业相互参股、并购屡见不鲜,各种形式的资本重组活动日益频繁,市场竞争领域不断扩大、程度不断加深。在这种形势下,有些地区、行业已经出现垄断苗头,反竞争的现象日益增多,手段也在不断翻新。有些经营者滥用市场支配地位,在经营活动中实施歧视性价格、强制性交易或者不合理地搭售商品;有些经营者为了获取垄断利益,达成固定价格、分割市场等垄断协议,排除、限制竞争,损害消费者利益。此外,有些行政机关滥用行政权力,实行地区封锁,妨碍全国统一、开放、竞争、有序市场的发展,这是我国从计划经济转向市场经济过程中存在的一个问题。适应新情况,解决新问题,要求尽快制定反垄断法,建立健全我国的反垄断法律制度。

我国从 1994 年开始《反垄断法》的起草工作。2004 年 2 月,商务部将《反垄断法(送审稿)》呈报国务院审议,2006 年 6 月,国务院将《反垄断法(草案)》提交全国人大常委会审议;2006 年 6 月至 2007 年 8 月,全国人大常委会对《反垄断法(草案)》进行了三次审议。2007 年 8 月 30 日,《反垄断法》经十届全国人大常委会第二十九次会议审议通过,并于 2008 年 8 月 1 日实施。《反垄断法》的出台对于制止垄断行为,保护公平竞争,规范市场经济秩序,保障市场经济健康发展,完善社会主义市场经济体制,具有十分重要的意义,主要体现在以下方面:

第一,制定反垄断法是完善社会主义市场经济体制、充分发挥市场配置资源的基础性作用、促进经济健康发展的需要。反垄断法的主要任务是维护市场竞争,发挥市场机制的积极作用。现在,我国的社会主义市场经济体制已经建立,但还不够健全,需要在实践中不断完善。制定反垄断法,进一步完善市场竞争基本规则,制止经营者达成反垄断协议、滥用市场支配地位和防范经营者过度集中可能给市场带来排除、限制竞争的风险,可以为维护市场竞争、提高经济效率、促进改革创新提供更加有力的法制保障。

　　第二,制定反垄断法是我国参与经济全球化、遵守国际规则、维护国家利益的需要。迄今为止,美、欧、日和其他市场经济发达国家通过实施反垄断法律制度,维护本国良好的市场竞争环境,吸引高质量的国际投资,开展富有成效的国际合作。随着我国经济体制改革的不断深入,对外开放水平不断提高,国内外经济相互融合、相互影响。为了保持我国经济的竞争力,必须进一步健全我国的市场竞争机制,维护公平有效的市场竞争环境。制定反垄断法,有利于进一步增强我国企业的市场竞争意识和国际竞争力。

　　第三,制定反垄断法是健全我国社会主义市场经济法律制度、形成中国特色社会主义法律体系的内在要求。反垄断法作为确立市场竞争基本规则、维护市场竞争的一部重要法律,是我国社会主义市场经济法律制度必不可少的重要组成部分,在中国特色社会主义法律体系中具有支架作用。改革开放以来,我国先后制定了《公司法》、《合同法》和《反不正当竞争法》等有关市场主体、市场交易和维护市场竞争秩序的法律。但是,总的来看这些散见于有关法律中的规定不够完整、系统,难以适应维护市场竞争秩序、保护市场经济健康发展的需要。因此,制定一部较为系统、全面的反垄断法,对于进一步健全我国的社会主义市场经济法律制度,营造更加良好的市场竞争环境,具有重要意义。

三、制定《反垄断法》的指导思想

基于反垄断法的性质、地位和作用,在我国制定《反垄断法》过程中坚持了四个方面的指导思想:

第一,反垄断法律制度既要符合国际惯例,严格禁止典型的、世界各国普遍达成共识的严重限制、排除竞争的垄断行为,又要针对我国企业作为市场主体尚不成熟,市场存在着竞争不充分、不适度的实际情况,特别是各类企业发展不平衡,竞争能力亟待提高的客观要求,在制度安排上力求明确,宽严适度,便于掌握和运用,有助于培养企业依法自主、自律、自强的能力,有利于改进技术,提高产品质量,有利于保护消费者权益。

第二,反垄断法律制度既要有利于保护市场竞争,创造和维护良好的市场竞争环境,又要与国家现行有关经济政策相协调,有利于规模经济的发展。要发挥反垄断制度的导向功能和约束功能,使反垄断法成为制止垄断、鼓励竞争、提高引进外资质量、促进经济结构调整的有力工具。

第三,反垄断法既要确立基本原则和基本制度,又要留有弹性和余地。首先,作为市场经济国家市场主体的行为规范,反垄断法确立的基本原则和基本制度为市场主体提供了公开、透明并可预期的行为准则,规范了市场竞争秩序。其次,考虑到经济生活具有多样性、多变性和复杂性的特点,我国反垄断方面的实践经验还不足,《反垄断法》为后续的配套立法也留有了弹性和余地。这一设计体现了法律制度的确定性和灵活性,为今后随着实践中经验的积累,及时修改和完善反垄断法提供了条件。

四、我国《反垄断法》的主要内容

我国《反垄断法》共 8 章 57 条。主要内容概括如下:

(一)总则

本法总则共 12 条。其中,第 1 条是关于立法目的的规定;第 2、3 条分别是关于本法适用范围和规制对象的规定;第 4 条是关于本法指导思想的规定;第 5、6 条是关于本法两个具体方面的相关原则的规定;第 7、8、11 条是关于特别对象的原则性规定;第 9、10 条是关于反垄断机构的规定,第 12 条是关于本法两个基本概念的解释。

(二)垄断协议

本章专门对垄断协议作了规定。其中,第 13 条明确禁止具有竞争关系的经营者之间达成垄断协议,即通常所说的横向垄断协议;第 14 条明确禁止经营者与交易相对人之间达成垄断协议,即通常所说的纵向垄断协议;第 15 条明确了不认定为垄断协议的条件;第 16 条禁止行业协会组织本行业的经营者达成垄断协议。

(三)滥用市场支配地位

本章专门对滥用市场支配地位作了规定。其中,第 17 条明确禁止具有市场支配地位的经营者实施不公平的高价销售或低价购买等七种滥用行为;第 18、19 条规定了认定经营者具有市场支配地位的因素和可以推定经营者具有市场支配地位的标准。

(四)经营者集中

本章共 12 条,对经营者集中作了规定。本章的内容包括经营者集中的情形、经营者集中的申报、申报需要提交的材料、经营者集中申报的审查、审查的期限、审查需要考虑的因素、审查决定等。

(五)滥用行政权力排除、限制竞争

本章对滥用行政权力排除、限制竞争作了规定,共 6 条。主要内容包括:滥用行政权力限定单位或个人与指定的经营者交易;滥用行政权力,妨碍商品在地区之间的自由流通;滥用行政权力,排斥或者限制外地经营者在本地投资或者设立分支机构;滥用行政权力,排斥或者限定外地经营者参加本地的招标投标活动;滥用行政权力,强制经营者从事垄断行为;滥用行政权力,制定含有排除、限制竞争内容的规定,等等。

（六）对涉嫌垄断行为的调查

本章对涉嫌垄断行为的调查作了规定,共 8 条。主要内容包括:反垄断执法机构的调查、对涉嫌垄断行为的举报,反垄断执法机构调查时有权采取的措施,反垄断执法机构调查时的执法规范,反垄断执法机构及其工作人员的保密义务,被调查的经营者、利害关系人或者其他有关单位或者个人的配合义务,被调查的经营者、利害关系人享有陈述权,反垄断执法机构作出处理决定并公布,被调查经营者的承诺及反垄断执法机构调查工作的中止、恢复及终止,等等。

（七）法律责任

本章对经营者违反本法构成垄断行为的法律责任及反垄断机构工作人员渎职行为的法律责任作了规定,共 9 条。主要内容包括:垄断协议的法律责任;滥用市场支配地位的法律责任;经营者违法实施集中的法律责任;反垄断执法机构确定具体罚款数额时的考虑因素;经营者实施垄断行为应依法承担民事责任;滥用行政权力,实施排除、限制竞争行为的法律责任;妨碍反垄断执法机构执法的法律责任;反垄断案件当事人的法律救济途径;反垄断执法机构人员渎职行为的法律责任。

（八）附则

本法附则共3条。其中,第55条是关于经营者滥用知识产权,排除、限制竞争的行为的规定;第56条是关于农业生产者及农村经济组织在农产品生产、加工、销售、运输、储存经营活动中实施的联合或者协同行为不适用本法的规定;第57条是关于本法施行日期的规定。

第一章 总 则

第一节 《反垄断法》的立法目的

立法目的,是对一部法律追求的价值取向和所要达到的社会目标的集中反映和概括。我国《反垄断法》第1条对反垄断法的立法目的进行了明确界定,即制定《反垄断法》是为了预防和制止垄断行为,保护市场公平竞争,提高经济运行效率,维护消费者利益和社会公共利益,促进社会主义市场经济健康发展。

一、预防和制止垄断行为

《反垄断法》所规定的垄断行为包括:经营者达成垄断协议;经营者滥用市场支配地位;具有或者可能具有排除、限制竞争效果的经营者集中。垄断行为通常会排除或限制市场竞争,造成整体经济效率低下,破坏生产力发展。改革开放三十多年来,我国社会主义市场经济体系逐步完善。伴随经济的迅速发展,企业规模不断扩张,各种形式的垄断行为也相继出现,比如经营者滥用市场支配地位进行掠夺性定价、限定交易、搭售和实行差别待遇;企业之间达成价格联盟、划分市场、限制产量等各种形式的垄断协议;部分地区、部分行业出现可能具有排除、限制竞争效果的境内外并购。垄断行为的产生直接妨碍了全国统一、开放、竞争、有序的市场体系的建立,因此,中国《反垄断法》的直接目的就是要预防和制止垄断行为的发生。

二、保护市场竞争机制

市场竞争机制是指在市场经济中,各个经济行为主体之间为追求自身的利益而相互展开竞争,由此形成的经济内部的必然联系和影响。它通过价格竞争或非价格竞争,按照优胜劣汰的法则来调节市场运行。反垄断法保护市场竞争机制,即维持一种竞争环境,以保证在价格引导下,通过千百万单个经营者和消费者的分散决策和交互作用,使资源得到最优化的配置,以提高整体经济效率,造福于全社会所有成员。市场竞争的价值性表现为在一定情况下经济行为主体的逐利行为促进了资源的有效配置和社会利益的实现,因而在一定程度上竞争活动本身也成为经济行为主体价值诉求的目标,它构成了经济活动的原动力。反垄断法从维护市场竞争性出发,反对企业经营者达成价格联盟、限制销售数量或者分割销售市场,以保证市场上有足够的竞争者,保证消费者在市场上有自由选择商品或服务的权利。

《反垄断法》与《反不正当竞争法》都是维护市场竞争的重要法律,二者既有联系,又有区别。垄断行为是经营者通过达成垄断协议、滥用市场支配地位、实施经营者集中等方式排除、限制竞争;不正当竞争行为则是经营者以虚假、欺诈、贬损其他经营者等违反诚实信用原则的方式从事不正当竞争。《反垄断法》的主要功能是保证市场竞争,维护竞争的有效性;《反不正当竞争法》的主要功能是保证竞争正常进行,维护竞争的公平性。通俗地说,搞市场经济,一是不能无竞争,二是不能乱竞争。从立法目的上看,《反垄断法》的目的是维护市场竞争机制而不是直接保护特定的竞争者,主要解决市场中排除、限制竞争的问题;《反不正当竞争法》的目的是鼓励和保护公平竞争,主要保护经营者和消费者的合法权益。

三、提高经济运行效率

提高经济运行效率是指通过资源的有效配置,使全社会所有成员得到的财富总量最大化。竞争是效率的最强诱因,竞争能够迫使经营者降低成本并找出满足消费者的解决办法,实现收益最大化。美国芝加哥学派认为美国的反托拉斯法所追求的目的就是提高经济效率。经济效率包括生产效率和配置效率。生产效率主要是指促进经营者不断进行研发和创新,以最低的成本(时间和原材料成本)换取最高的价值。配置效率则是指资源的配置要使更多的人受益,而不仅仅是某一个或几个经营者受益。显然,反垄断法并不是仅仅以提高生产效率为唯一价值追求。反垄断法通过构建公平的竞争秩序,消除限制、排除竞争的垄断行为,维护竞争者得以相互竞争的环境,促使经营者进行技术创新、管理创新,不断提高生产效率,从而在整体上提高市场经济的运行效率,推动生产力发展。反垄断法提高配置效率的目标则是通过维护消费者利益和社会公共利益,实现社会主义市场经济的健康发展。

四、保护消费者利益

市场竞争的作用能够促使经营者尽量降低生产成本、提高产品质量、改善售后服务、增加产品种类,使消费者从中获益。因此,提高消费者福利,维护消费者的整体利益,也是反垄断的重要目标。

我国现行的《消费者权益保护法》的目标与《反垄断法》立法目标的区别在于:消费者权益保护法对特定消费者提供直接和具体的保护,主要针对的是具体的侵害消费者权益行为;而反垄断法虽然并不排除对消费者直接的和具体的保护,但其目的侧重于通过维护市场竞争机制,提高经济运行效率,从整体市场上提高产品质量并降低产品价格,增加消费者整体福利。因此,反垄断法对消费者的保护着眼于竞争行为是否损害了保障消费者福利的竞争机制,不刻意保护某一具体消费者的利益。

五、维护社会公共利益

制定反垄断法,还要维护社会公共利益。制定反垄断法的主要目标是提高市场经济效率,但也要注意与其他社会目标相平衡。《反垄断法》从中国实际出发,将维护社会公共利益作为立法的目标之一,在具体规定上体现了对社会公共利益的保护。比如,规定为实现节约能源、保护环境、救灾救助等协议不适用于关于垄断协议的禁止性规定;对具有或者可能具有排除、限制竞争效果的经营者集中,如果经营者能够证明该集中符合社会公共利益的,反垄断执法机构可以作出不予禁止的决定。

第二节 《反垄断法》的调整对象

我国《反垄断法》的调整对象涉及主体、地域和行为。

一、主体

我国《反垄断法》适用的主体是经营者。《反垄断法》第12条第1款规定:"本法所称经营者,是指从事商品生产、经营或者提供服务的自然人、法人和其他组织。"可见，《反垄断法》规定的经营者的范围非常广泛，包括了参与经济活动的所有市场主体，不论市场主体的所有制性质是国有企业、集体企业、私营企业还是外商投资企业，不论采取何种组织形式，是个人独资企业、合伙企业还是公司，也不论是中国的企业还是外国的企业，都属于经营者的范畴。

《反垄断法》明确规定了禁止滥用行政权力排除、限制竞争，因此，行政机关和法律、法规授权的具有管理公共事务职能的组织也是我国反垄断法适用的主体。此外，虽然反垄断法规制的主体主要是经营者，但实践中行业协会也可能实施排除、限制竞争的行为，《反垄断法》对禁止行业协会组织本行业企业从事垄断行为作了明确规定。因此，行业协会也是我国反垄断法适用的主体。

二、地域

《反垄断法》第2条明确了该法的空间效力，即："中华人民共和国境内经济活动中的垄断行为，适用本法；中华人民共和国境外的垄断行为，对境内市场竞争产生排除、限制影响的，适用本法。"由此，《反垄断法》的适用范围包括两个方面：

（一）中国境内经济活动中的垄断行为

《反垄断法》首先要调整的是发生在中国境内的垄断

行为,对于这一规定的理解需要明确三个要素:第一,中国境内是指中国大陆地区,不包括香港、澳门及台湾,对于不同表现形式的垄断行为发生地的认定,需要综合考虑各种因素,包括行为主体所在地、行为实施地、行为效果发生地等。第二,《反垄断法》调整的垄断行为应发生在经济活动中,对于经济行为的认定需要参考经营者、相关市场的定义及《反垄断法》各具体章节中对各种垄断行为的规定。对于《反垄断法》第五章规定的滥用行政权力排除、限制竞争的行为,既要防止行政机关和其他组织假借非经济活动的名义排除、限制竞争,也要避免将行政机关和其他组织那些并非干预经济活动的行为纳入《反垄断法》的调整范围。第三,《反垄断法》的调整对象是垄断行为,对垄断行为的认定应严格依照法条的具体规定,既要保护市场公平竞争,预防和制止排除、限制竞争的行为,也要依法保护经营者的合法利益,通过合法的集中及其他安排提高竞争力。

(二)对境内市场产生竞争排除、限制影响的中国境外垄断行为

《反垄断法》不仅适用于中国境内的垄断行为,也适用于那些在本国境外发生而对境内市场竞争产生排除、限制影响的垄断行为。反垄断法也适用于境外垄断行为通常

被称为反垄断法的域外适用效力,其目的在于防止在境外发生的垄断行为危害本国的竞争秩序。随着经济全球化和我国对外开放程度的进一步扩大,我国经济与国际经济日益融合,境外垄断行为对境内市场竞争的影响日趋明显。反垄断法的域外适用原则对维护一国境内市场竞争具有重要意义,这既符合境外反垄断法的通行做法,也符合我国自身利益。

实践中,反垄断法在一国境外的具体适用是一个相当复杂的问题。随着经济全球化和跨国公司的发展,国际性的垄断和限制性商业行为不断增多,同时垄断行为也越来越隐蔽,而反垄断法的域外效力,因存在着国家间的利益冲突和法律冲突而在具体执行中可能发生困难。比如:某些企业具有国有性质,其垄断行为与国家主权行为有关,反垄断法的执行可能会触及他国的重大利益;一国反垄断法与国际法上通行的各种管辖权理论存在分歧,同一垄断行为,各国在管辖权上也可能存在冲突;裁判文书的执行一般都需要他国承认,因此在执行上可能遭到他国抵制;国际法上通行主权豁免原则,一国法院无权判断他国主权行为的合法性。如上几种情况均可能影响反垄断法的域外适用效力。因此,需要通过加强双边、多边合作,或者通过外交途径解决反垄断的域外适用问题。

三、行为

反垄断法是规范经济活动,保护市场竞争的法律,主要是为了预防和防止市场经济中所产生的垄断行为。《反垄断法》第3条明确规定了三种垄断行为:经营者达成垄断协议;经营者滥用市场支配地位;具有或者可能具有排除、限制竞争效果的经营者集中。

（一）垄断协议

垄断协议在某些法域又被称为限制竞争协议,是指两个或两个以上经营者之间达成的排除、限制竞争的协议、决定或者其他协同行为。联合、共谋是垄断协议的核心,包括横向垄断协议和纵向垄断协议。横向垄断协议是指同一行业或者领域中具有竞争关系的经营者之间达成的排除、限制竞争的协议,主要包括:固定价格协议、限制产量和销量协议、分割市场协议、限制技术协议、联合抵制交易协议等。纵向垄断协议是指经营者与交易相对人之间达成的排除、限制竞争的协议,主要包括固定向第三人转售商品的价格协议和限定向第三人转售商品的最低价格协议。参与纵向垄断协议的经营者在同一产业中处于不同的市场层次,这些经营者之间并不存在真正意义上的竞争关系,而是表现为买卖关系。

垄断协议是经济生活中最常见、最典型的垄断行为,往往造成固定价格、划分市场以及阻碍、限制其他经营者进入市场等排除、限制竞争的后果，严重危害市场竞争，为各国反垄断法所禁止。

(二)滥用市场支配地位

市场支配地位是指经营者在相关市场内能够控制商品价格、数量或者其他交易条件，或者能够阻碍、影响其他经营者进入相关市场的市场地位。它反映了经营者与市场竞争的关系，即拥有市场支配地位的经营者往往有能力不受竞争的制约，不必考虑竞争者或者交易相对方的影响就可以自由定价或自由作出其他经营决策。

《反垄断法》并不禁止市场支配地位本身，而是禁止经营者对其市场支配地位的滥用。从经济效果上看，市场支配地位的产生在一定程度上有利于经济发展：首先，市场支配地位所产生的集聚效应，能集中使用各种资源，减少经营成本，提高生产效率，实现规模经济效益。其次，市场支配地位能够增强经营者的经济实力，保证大型创新活动所需的资金和设备，促进科技创新活动的发展，带动相关行业技术的革新，推动社会的科技进步。但是，具有市场支配地位的经营者拥有强大的经济实力，能够控制市场上商品的价格、数量和其他交易条件。如果经营者滥用其市场支配地位实施垄断价格、掠夺性定价、拒绝交易、限定交易、搭售、实行差别待遇以及反垄断执法机构认定的其他排除、限制竞争的行为,则会严重影响市场竞争秩序。因此,反垄断法对经营者滥用市场支配地位,排除、限制竞争的行为予以禁止。

《反垄断法》第6条规定,具有市场支配地位的经营者,不得滥用市场支配地位,排除、限制竞争。本条一方面允许经营者通过合法途径取得市场支配地位;另一方面禁止经营者滥用市场支配地位,排除、限制竞争。这样的规定在当前我国具有很强的现实意义:既可以消除人们对反垄断法不利于增强国有经济在关系国家安全和国民经济命脉的重要行业和关键领域的控制力,不利于促进国内企业做大做强的担心;又对具有市场支配地位的经营者起到警示的作用,防止其滥用市场支配地位,损害消费者和其他经营者的利益。

(三)经营者集中

《反垄断法》第20条规定,经营者集中包括三种情形:一是经营者合并;二是经营者通过取得股权或者资产的方式,获得对其他经营者的控制权;三是经营者通过合同等方式取得对其他经营者的控制权或者能够对其他经营者施加决定性影响。

在市场经济条件下,经营者集中是较为普遍的现象,具有两面性。一方面,经营者集中是资产重组的一种重要方式,对调整产业结构,盘活存量资产,推动企业实现规模经济,增强市场竞争力有着重要作用。集中可以为经营者带来一系列好处,如实现规模经济,降低单位产品的成本,节约交易费用,提高经营者的生产效率,实施多样化生产而降低市场风险等。另一方面,经营者集中也会减少甚至消灭市场上的竞争者,产生或者加强经营者的市场支配地位,经营者的过度集中会对市场的有效竞争造成威胁,造成经济效率的低下。

由于经营者集中具有两面性,对经营者集中进行调整时需要考虑多方面的因素。反垄断法需要根据本国经济的发展阶段、发展情况,本国企业的实际情况、市场竞争情况等因素,决定如何对经营者集中实施控制以及控制到什么程度。就中国而言,中国现阶段经济发展中存在的一个主要问题是产业集中度不高,许多企业达不到规模经济的要求,缺乏国际竞争力。因此,反垄断法的实施应从中国现阶段经济发展的实际情况出发,既要防止经营者过度集中形成垄断,又要有利于国内企业通过依法兼并发展规模经济,提高产业集中度,增强竞争能力。《反垄断法》第5条对经营者集中作了原则性的规定:第一,经营者可以通过公平竞争,自愿联合,实施集中。经营者集中可以改善当前我国企业规模过小的情况,提高企业的生产效率和市场竞争力。同时,通过跨地区和跨行业的集中,有利于打破地方封锁和部门垄断。第二,经营者实施的集中应当依法进行。经营者集中不仅应当符合《反垄断法》的规定,也应当符合其他相关法律法规,如《公司法》、《证券法》、《商业银行法》、《保险法》等的规定。

(四)滥用行政权力排除、限制竞争

如前所述,各国反垄断法的主要内容一般都包括禁止垄断协议、禁止滥用市场支配地位和控制经营者集中这"三大支柱",而实施上述行为的主体都是作为市场主体的经营者。而我国在现阶段,滥用行政权力排除、限制竞争的问题还不同程度地存在,受到了社会各界的普遍关注。这是我国当前面临的一个较为特殊的问题,也为我国反垄断法提出了一个独特的问题。《反垄断法》第8条规定:行政机关和法律、法规授权的具有管理公共事务职能的组织不得滥用其行政权力,排除、限制竞争。从我国实际出发,在反垄断法这一保护竞争的专门性、基础性法律中,对滥用行政权力排除、限制竞争的行为作出明确的规定,既表明我国对这类行为的重视和坚决反对的态度,又能够进一步防止和制止行政机关和法律、法规授权的具有公共管理事务职能的组织滥用行政权力,排除、限制竞争的行为。

　　滥用行政权力排除、限制竞争是指行政机关或法律、法规授权的具有管理公共事务职能的组织滥用行政权力排除、限制竞争的行为。滥用行政权力排除、限制竞争的最终根源是权力的滥用，是对市场竞争影响最严重的行为之一。滥用行政权力排除、限制竞争在我国当前主要表现为行业垄断和地方保护。行业垄断即行政机关或法律、法规授权的具有管理公共事务职能的组织滥用行政权力、限制经营者的市场准入，排斥、限制或者妨碍市场竞争。地方保护则表现为地方政府禁止或阻碍外地商品进入本地市场，或者阻止本地原材料销往外地，由此使全国本应统一的市场分割为一个个狭小的地方市场。滥用行政权力排除、限制竞争严重影响了市场竞争，保护了落后，妨碍统一、开放、竞争、有序的全国大市场的建立，不仅严重损害消费者利益，也严重损害了企业的利益，不利于资源的优化配置和经济的健康发展。因此，需要用法律形式对滥用行政权力排除、限制竞争的行为加以规制。

　　《反垄断法》第8条对禁止滥用行政权力排除、限制竞争进行了明确规定，该法条所规范的对象是行政机关和法律、法规授权的具有管理公共事务职能的组织。行政机关包括中央和地方各级人民政府及其所属行政部门；具有管理公共事务职能的组织，是指本身不属于行政机关，但通过法律、行政法规和地方性法规的授权而行使行政权力、行使行政管理职能的组织。该法条所禁止的是行政机关和法律、法规授权的具有管理公共事务职能的组织滥用行政权力，排除、限制竞争的行为。实践中，滥用行政权力，排除、限制竞争行为的表现形式很多，反垄断法第五章列举了几种常见行为，包括：限定单位和个人只能经营、购买、使用指定的经营者提供的商品；妨碍商品在地区之间自由流通；排斥或者限制外地经营者参加本地的招投标活动；排斥或者限制外地经营者在本地投资或者设立分支机构；强制经营者从事本法规定的垄断行为；制定含有排除、限制竞争内容的规定。

第三节　相关的原则和指导性规定

一、确立竞争规则的基本原则

反垄断法是为了保护市场竞争而制定的规则。反垄断规则经过世界许多发达国家多年的实践检验，目前已经较为成熟，形成了国际上的通行规则。但是，纵观反垄断实践较成熟的国家所走过的反垄断历程，不难看出，反垄断法作为政府调节经济的手段，通常根据本国的发展需要，实现不同的经济目标和社会目标，这使得反垄断法具有较强的政策性。同一反垄断规则,在不同国家,同一国家的不同发展阶段,其侧重点和掌握的宽严度都不相同。因此,从本国实际出发,制定适合于某一经济发展阶段的竞争政策,并体现为法律,是各国制定反垄断法的普遍原则。

《反垄断法》第4条规定:"国家制定和社会主义市场经济相适应的竞争规则,完善宏观调控,健全统一、开放、竞争、有序的市场体系。"本条包括以下三点含义:

其一,竞争规则的制定和实施应与社会主义市场经济相适应。建立社会主义市场经济体制,是中国改革开放实践中对社会主义经济认识不断深化的结果。现阶段,市场经济发展在中国并不完全成熟,市场机制也存在不完善之处。随着中国加入世界贸易组织和国内市场进一步对外开放,更多的外国企业和产品将会进入中国市场,与国内企业和产品展开激烈竞争,对中国市场造成一定冲击。这就需要处理好以下两方面关系:第一,市场经济体制下,竞争是一种不可缺少的机制,竞争能够促使社会资源得到优化配置,但市场经济本身并不具备维护公平和自由竞争的机制。所以应制定一个符合国际惯例的反垄断法,为国内外企业提供一个公平、公开和有序的竞争环境,以促进我国的经济发展。第二,中国特色的社会主义市场经济不是自由放任的市场经济,而是根据国家、社会整体利益需要,依法实行适度调控的市场经济。国家制定和实施竞争政策与规则应有利于经济的持续、快速、健康发展。

其二,竞争规则各项制度的设计应与国家宪法相匹配。《中华人民共和国宪法》第15条规定:"国家加强经济立法,完善宏观调控。"《反垄断法》作为市场经济法律体系中重要的支架性法律,它的各项制度设计应与国家宪法相匹配,协调好反垄断制度与宏观调控政策的关系。由于市场经济自身存在缺陷,仅依靠市场调节,难以维持宏观经济总量平衡,也无法解决国民经济的长期发展问题。因此,国家必须通过制定和实施财政政策、货币政策和产业政策,来调节和控制宏观经济运行。如通过制定产业政策,鼓励某些产业内企业的兼并重组,扩大经营规模以提高规模经济效益,增强国际竞争力。但经济力量的集中和市场结构的改变,很容易产生或者强化市场支配力量,从而排除、限制竞争。反垄断法作为一种竞争规则,就是通过保护公平竞争,维持市场经济竞争秩序,提高经济运行效率,提升社会福利。另外,目前我国市场经济体制尚不完善,部分地区、行业中存在"滥用行政权力排除、限制竞争"现象,甚至将滥用行政权力排除、限制竞争手段与宏观调控手段相混同。为保证反垄断制度既有利于保护市场竞争,创造和维护良好的市场竞争环境,又与国家相关宏观调控政策相协调,鼓励企业形成规模经济,《反垄断法》第 4 条明确了"完善宏观调控"与竞争规则的联系。

其三,竞争规则的制定应与健全统一、开放、竞争、有序的市场体系的要求相符合。培育和发展统一、开放、竞争、有序的市场体系,是建立社会主义市场经济体制的内在要求。统一、开放、竞争、有序的市场体系能够保证市场经济的正常运行,保证竞争机制和市场机制同时作为配置资源的手段。现阶段,市场经济活动中的垄断行为及滥用行政权力排除、限制竞争行为所造成的壁垒和障碍,妨碍了全国统一、开放、竞争、有序的市场体系的形成。垄断行为造成不同地区和行业之间的市场分割,影响全国市场的统一性;垄断行为阻碍了其他市场主体的进入,违背市场的开放性;垄断行为直接排除和限制了竞争,导致市场缺乏有效竞争。因此,竞争规则的制定应当为建立健全统一、开放、竞争、有序的市场体系服务。

二、经营者可以依法实施集中

制定反垄断法,应从我国现阶段经济发展的实际情况出发,既要防止经营者过度集中形成垄断,又要有利于国内企业通过依法兼并发展规模经济,提高产业集中度,增强竞争力。《反垄断法》第 5 条规定:"经营者可以通过公平竞争、自愿联合,依法实施集中,扩大经营规模,提高市场竞争能力。"

经营者集中是指为了达到特定的经济目的,通过一定方式和手段而形成的经营者之间的资产、人员等因素的融合。在某些法域中,经营者集中又被称为经营者"合并"、"并购"或者"结合"等。经营者集中是经营者扩大自身规模、提高经营能力,以更好地参加市场竞争的一种重要手段。经营者集中的积极作用主要表现在:有利于实现规模经济;有利于提高企业的经营效率;有利于优化市场竞争环境。但是,经营者集中也会减少甚至消灭市场上的竞争者,从而对市场竞争产生负面影响。那么,经营者集中的这种双重属性也给反垄断立法提出了难题,如何根据本国的经济形势和发展需要来确定经营者集中控制的宽严幅度,既有利于促进规模经济,提高经济效率,又能有效规制产生负面影响的经营者集中行为,成为各国反垄断立法所需要解决的问题。从我国现阶段经济发展的实际情况出发,反垄断法既要防止经营者过度集中形成垄断,影响市场竞争,又要有利于国内企业通过依法兼并发展规模经济,增强竞争力。总体上看,目前我国大多数企业规模偏小,整体竞争力不强,产业集中度较低,规模经济效益不明显。国家鼓励经营者通过依法实施集中,扩大经营规模以提高市场竞争能力。对于我国经济整体发展而言,经营者依法实施集中有利于进一步优化产业结构,提高产业集中度,实现规模经济效益,提高我国经济的国际竞争力。

三、禁止滥用市场支配地位

《反垄断法》第 6 条规定:"具有市场支配地位的经营者,不得滥用市场支配地位,排除、限制竞争。"

经济生活中,经营者市场支配地位的形成主要通过以下几个方面:一是国家授权。对于某些属于自然垄断或者涉及公共服务和公共安全的特定行业和领域,比如电力、通讯、铁路、供水、供热等,国家通过立法形式赋予某一个或数个经营者在特定行业和领域的经营权,其他经营者不能进入该行业或领域。二是经营者的成功经营。市场竞争条件下,优秀的经营者通过在企业内部进行技术创新、提高生产效率、改善经营管理等手段,提高经济效益、扩大经营规模,最终在市场上取得市场支配地位。三是经营者集中。市场经济条件下,经营者之间通过自愿联合、重组等方式,扩大经营规模,当经营者集中达到一定的规模并具备一定的市场控制力,也会形成市场支配地位。

市场支配地位既能对市场产生正面影响,又能产生负面影响。就正面影响而言,具有市场支配地位的经营者在生产中能够实现规模经济效应,降低平均社会成本,同时能够保证大型创新活动所需的资金、设备等条件,以利于企业创新、促进技术进步,这些都能在整体上提高社会公共福利。就负面影响而言,如果具有市场支配地位的经营者滥用其市场力量,采取不正当的竞争手段,并长期获得不正当的超额利润,就可能造成资源的错误配置,导致供给与需求及价格水平的不正常波动,阻碍技术进步与创新,损害消费者利益等等。

正常情况下,经营者市场支配地位的取得大多是合法的,并且只要其不滥用市场力量,不仅不会对社会经济发展造成不利影响,相反,还能促进企业的创新发展,提高生产效率。因此,绝大多数国家的反垄断法并不禁止经营者取得或保持市场支配地位,而只是对滥用市场支配地位的行为进行规制。我国《反垄断法》与国际通行的做法保持一致,也明确体现这一原则,这与我国当前的经济发展状况相符。现阶段,国家鼓励经营者不断提高国际竞争力,但是,具有市场支配地位的经营者滥用其市场力量,实施垄断价格、拒绝交易、限定交易、搭售、差别待遇等行为将排除、限制竞争,对消费者、其他经营者及整个社会造成不利影响,因此,对这些行为应予以禁止。

四、依法对特殊行业进行监管和调控

《反垄断法》第 7 条规定:"国有经济占控制地位的关

系国民经济命脉和国家安全的行业以及依法实行专营专卖的行业,国家对其经营者的合法经营活动予以保护,并对经营者的经营行为及其商品和服务的价格依法实施监管和调控,维护消费者利益,促进技术进步。"

"前款规定行业的经营者应当依法经营,诚实守信,严格自律,接受社会公众的监督,不得利用其控制地位或者专营专卖地位损害消费者利益。"

现阶段,我国具有特殊地位的重要行业包括两类:一是国有经济占控制地位的关系国民经济命脉和国家安全的行业,如军工、电网电力等行业;二是依法实行专营专卖的行业,如烟草、食盐等与人民群众身体健康和切身利益直接相关的行业。

我国的反垄断制度必须以我国的基本经济制度为基础,与我国基本国情相适应,与我国目前社会主义市场经济的发达程度相契合。对于我国这样一个发展中的社会主义国家而言,发展社会主义市场经济必然要求增强国有经济在关系国家安全和国民经济命脉的重点行业和关键领域的控制力,鼓励这些经营者提高竞争力。

当然,国有经济控制具有特殊地位的重要行业并不意味着该行业全部由国有企业垄断经营,行业中仍然需要存在多个相互独立的经营者,以营造良好有序竞争的发展环境。因此,在对具有特殊地位的重要行业加以保护的同时,国家也应对其加以监管。因为具有特殊地位的重要行业的经营者相对集中,容易出现滥用控制地位的现象,损害消费者权益,阻碍技术进步。国家对具有特殊地位的重要行业进行的监管主要是通过立法和执法手段对该行业的价格、产品种类、市场准入条件、社会普遍服务或某个行业服务标准进行控制,使行业经营者遵守相关法律法规,维护消费者的权益,并对其违法违规行为予以查处。

需注意的是,上述行业的经营者的经营行为除了依法受相关机关的监管和调控外,还应符合反垄断法的规定。如果其经营行为构成了反垄断法上的垄断行为,仍将受到反垄断法的禁止和制裁。譬如依法具有市场支配地位的经营者,如果滥用其支配地位,实施了拒绝交易、限定交易、搭售或附加不合理交易条件等排除、限制竞争的行为,将承担反垄断法上的法律责任。

五、行业协会维护市场竞争秩序的责任

《反垄断法》第 11 条规定:"行业协会应当加强行业自律,引导本行业的经营者依法竞争,维护市场竞争秩序。"

行业协会是指由同业企业以及其他经济组织自愿组成、实行行业服务和自律管理的非营利性社会团体。作为实现同行业企业共同经济利益的组织,行业协会对本行业企业间的竞争有着重大影响。对于经营者的竞争行为既能起到促进、维护的积极作用,又能起到排除、限制的消极作用。从积极方面来看,行业协会积极引导本行业的经营者依法竞争,维护正常的市场竞争秩序。从消极方面来看,行业协会还可能利用自身优势组织、联合会员经营者从事限制竞争行为。行业协会是以维护会员合法权益为宗旨的,但是当特定的行业利益与社会整体利益发生矛盾时,这一宗旨会被不正当利用,行业协会有可能组织会员通过结成价格联盟、限量生产等手段来限制竞争。这种消极作用由于行业协会的居中统一组织,其社会危害性和社会影响力相对于一般的联合限制竞争的行为大得多。因此,反垄断法一方面要积极引导行业协会发挥积极作用,鼓励行业协会规范会员行为,协调会员关系,维护公平竞争的市场环境;另一方面,要禁止行业协会组织限制竞争的行为,依法监督管理,防止其不正当利用其地位限制竞争,妨碍社会主义市场经济的健康发展。

第四节　中国反垄断机构的设置

反垄断法作为国家干预经济的重要手段,其主要目标是保护和促进市场竞争,推动市场结构合理化和产业结构的优化,提高经济运行效率,实现资源的优化配置,促进社会主义市场经济健康发展。反垄断法的基本特性要求其主管机构具有很强的专业性、权威性和相对独立性,科学合理的机构设置,是反垄断法得以有效实施的前提。《反垄断法》第9条和第10条共同确立了反垄断工作的机构设置和管理体制,我国反垄断机构设置的原则是:既要考虑现实可行性,维持有关部门分别执法的现有格局,保证反垄断法颁布后的顺利实施;又要具有一定的前瞻性,为今后机构改革和职能调整留有余地。基于此,反垄断机构的设置可分为两个层面:第一个层面是设立国务院反垄断委员会,负责组织、协调、指导反垄断工作;第二个层面是设立反垄断执法机构,负责相关的反垄断执法工作。这种"反垄断委员会 + 反垄断执法机构"的模式比较符合现阶段中国的实际情况,既吸收借鉴了国外的先进做法,又具有中国特色。

一、国务院反垄断委员会

为了保证反垄断工作的统一性、公正性和权威性,依照《反垄断法》第9条的规定,国务院反垄断委员会于2008年8月成立。反垄断委员会的总体职责是"组织、协调、指导反垄断工作"。也就是说,国务院反垄断委员会从总体和全局出发,对反垄断工作进行全面组织、协调和指导,但并不直接参与具体的反垄断执法工作。

具体而言,国务院反垄断委员会的职责包括如下几个方面:

第一,研究拟订有关竞争政策。竞争政策是指市场经济国家为了保护和促进市场竞争而实施的经济政策,是一个国家关于市场竞争的基本态度、总体目标以及发展策略等的综合体现,对竞争立法和执法具有根本性的指导意义,决定着竞争立法和执法的基本取向。一个国家的竞争政策与该国的经济发展阶段、经济体制、市场竞争状况、产业政策以及其他社会公共政策密切相关,拟订竞争政策,是一项关系经济生活全局,涉及面广、专业性强的重要工作。国家通过制定和实施竞争政策,确保竞争机制在市场中发挥作用,达到提高生产效率,优化资源配置的目的。竞争政策是制定反垄断法的依据之一,反垄断法是竞争政策的法律表现形式。《反垄断法》明确由国务院反垄断委员会负责研究拟定有关竞争政策,使竞争政策的研究拟定有一个法定的、明确的机制,这对于保证及时提出并适时调整有关竞争政策,保证竞争政策的科学性、统一性和权威性,具有非常重要的意义。

第二,组织调查、评估市场总体竞争状况,发布评估报告。市场总体竞争状况的调查、评估是市场体系建设的一项重要基础性工作。市场竞争状况是反垄断执法的重要依据,比如在认定经营者是否具有市场支配地位以及对经营者集中进行审查时,都需要考虑市场竞争状况。另外,市场总体竞争状况的调查、评估,将来也可以作为从总体上评价、检验《反垄断法》实施效果的重要依据,并在很大程度上反映出一国的总体投资环境。国务院反垄断委员会主要从宏观角度出发,研究市场总体竞争状况,深层次研究市场经济竞争中存在的问题,形成报告并提出建议,供国务院决策部门参考,并为反垄断执法部门提供指导。实际执行中,市场总体竞争状况的调查、评估一般会定期进行。

第三,制定、发布反垄断指南。反垄断指南是指由国务院反垄断委员会制定、公布的关于反垄断工作的规范性文件。反垄断执法工作是一项专业性很强的工作,经营者的市场行为是否排除、限制竞争,构成垄断行为,需要根据实际的市场竞争状况,运用经济学的分析方法等许多手段进行判断。《反垄断法》确立了反垄断的基本制度,但总体上规定得比较原则,许多问题都需要在今后通过反垄断指南加以明确、细化,为反垄断执法提供有效的指导。因此,反垄断指南对于保证《反垄断法》的顺利实施以及反垄断法执法的统一性、公平性和权威性,促进各项反垄断工作的开展,具有重要作用。2009 年 5 月 24 日,国务院反垄断委员会公布了《关于相关市场界定的指南》,对相关市场的界定提供指导,提高了国务院反垄断执法机构执法工作的透明度。制定反垄断指南是一项长期的任务,国务院反垄断委员会有权按照法律的规定,根据我国的市场竞争状况和经济发展状况,适时地制定、修改有关的反垄断指南,以保证反垄断法在实践中得到更好的贯彻实施。

第四,协调反垄断行政执法工作。《反垄断法》授权国务院规定承担反垄断执法职责的机构。现阶段,中国反垄断执法工作由多个部门分别承担,部门之间一旦协调不好,就可能出现执法不统一的问题,影响反垄断法的公正性和权威性。为保证反垄断法执法的统一性,《反垄断法》专门规定由国务院反垄断委员会负责协调反垄断行政执法工作,促使各部门按照统一的执法原则、执法程序、执法尺度去执行反垄断法。由于反垄断执法具有很强的政策性,对于重大反垄断案件的处理,不仅要考虑反垄断法以及其他有关法律的规定,还要综合考虑国家经济政策、社会公共利益和消费者利益等多种因素,国务院反垄断委员会有必要对执法工作进行协调。与此同时,国务院反垄断执法机构也要主动配合并向国务院反垄断委员会报告有关工作情况,自觉维护国务院反垄断委员会的权威性。

二、中国反垄断执法机构

根据国务院的规定,国家发展和改革委员会(以下简称发展改革委)、商务部和国家工商行政管理总局(以下简称工商总局)具体承担反垄断执法职责。发展改革委"起草有关价格监督检查法规草案和规章;指导价格监督检查工作,组织实施价格检查,依法查处商品价格、服务价格、国家机关收费中的价格违法行为,依法查处价格垄断行为"。商务部"依法对经营者集中行为进行反垄断审查,指导企业在国外的反垄断应诉工作,开展多边竞争政策交流与合作"。工商总局"负责垄断协议、滥用市场支配地位、滥用行政权力排除限制竞争方面的反垄断执法工作(价格垄断行为除外)"。

(一)发展改革委

根据《反垄断法》的职责要求以及国务院批准的《国家发展和改革委员会主要职责内设机构和人员编制规定》,发展改革委内设的"价格监督检查司"承担发展改革委对价格垄断行为的查处,具体包括价格垄断协议行为、滥用市场支配地位的价格垄断行为以及滥用行政权力排除、限制价格竞争的行为三方面的执法工作。

(二)商务部

商务部根据国务院批准的《商务部主要职责内设机构

和人员编制规定》于2008年8月设立了反垄断局。其主要职责包括:起草经营者集中相关法规,拟定配套规章及规范性文件;依法对经营者集中行为进行反垄断审查;负责受理经营者集中反垄断磋商和申报,并开展相应的反垄断听证、调查和审查工作;负责受理并调查向反垄断执法机构举报的经营者集中事项,查处违法行为;负责依法调查对外贸易中的垄断行为,并采取必要措施消除危害;负责指导我国企业在国外的反垄断应诉工作;牵头组织多双边协定中的竞争条款磋商和谈判;负责开展多双边竞争政策国际交流与合作;承担国务院反垄断委员会的具体工作。

(三)工商总局

国务院规定工商总局的主要职责之一是:负责垄断协议、滥用市场支配地位、滥用行政权力排除限制竞争方面的反垄断执法工作(价格垄断行为除外)。同时,"三定"方案规定工商总局内设反垄断与反不正当竞争执法局,具体负责"拟订有关反垄断、反不正当竞争的具体措施、办法;承担有关反垄断执法工作;查处市场中的不正当竞争、商业贿赂、走私贩私及其他经济违法案件,督查督办大案要案和典型案件"。据此,工商总局将负责除价格卡特尔(即价格垄断协议)之外的垄断协议的禁止和查处工作,除价格垄断行为之外的滥用市场支配地位行为的禁止和查处工作,滥用行政权力排除、限制竞争行为的有关执法工作。

第五节 经营者与相关市场的概念

"经营者"和"相关市场"是贯穿整部《反垄断法》的相关概念,反垄断法所调整的法律主体是相关市场中的经营者。《反垄断法》第12条规定:"本法所称经营者,是指从事商品生产、经营或者提供服务的自然人、法人和其他组织。本法所称相关市场,是指经营者在一定时期内就特定商品或者服务(以下统称商品)进行竞争的商品范围和地域范围。"

一、经营者

《反垄断法》所称的经营者,是指独立参与市场经济活动的各类主体,包括自然人、法人和其他组织。《反垄断法》对主体的界定采取了行为性质加主体类型的模式,将主体的行为性质界定为从事商品生产、经营或者提供服务,并不局限于营利组织。目前中国存在很多不以获取利润为目的,为社会公益服务,提供准公共产品的机构,对于这类机构,如果监管不好也会限制、排除竞争,因此必须纳入反垄断法的调整范围。《反垄断法》界定的主体类型包括自然人、法人和其他组织。"其他组织"是指在一定程度

43

上能够享有民事权利和承担民事义务,但不能独立承担民事责任的不具备法人资格的组织。

二、相关市场

根据《反垄断法》第 12 条,相关市场是指经营者在一定时期内就特定商品或者服务(以下统称商品)进行竞争的商品范围和地域范围。相关市场的划定是有效实施《反垄断法》、维护市场竞争环境的前提条件之一。判定经营者是否具有市场支配地位,是否实施了排除、限制竞争的行为,应当以界定相关市场为基础。

为了给相关市场界定提供指导,提高国务院反垄断执法机构执法工作的透明度,国务院反垄断委员会于 2009 年 5 月发布了《关于相关市场界定的指南》(以下简称《指南》)。《指南》明确了界定相关市场的作用、相关市场的含义和界定相关市场的依据。

关于界定相关市场的作用,《指南》指出,任何竞争行为(包括具有或可能具有排除、限制竞争效果的行为)均发生在一定的市场范围内。界定相关市场就是明确经营者竞争的市场范围。在禁止经营者达成垄断协议、禁止经营者滥用市场支配地位、控制具有或者可能具有排除、限制竞争效果的经营者集中等反垄断执法工作中,均可能涉及相关市场的界定问题。科学合理地界定相关市场,对识别竞争者和潜在竞争者、判定经营者市场份额和市场集中度、认定经营者的市场地位、分析经营者的行为对市场竞争的影响、判断经营者行为是否违法以及在违法情况下须承担的法律责任等关键问题，具有重要的作用。因此，相关市场的界定通常是对竞争行为进行分析的基础，是反垄断执法工作的重要步骤。

就相关市场的含义，《指南》明确了在反垄断执法实践中，通常需要界定相关商品市场和相关地域市场。相关商品市场，是根据商品的特性、用途及价格等因素，由需求者认为具有较为紧密替代关系的一组或一类商品所构成的市场。这些商品表现出较强的竞争关系，在反垄断执法中可以作为经营者进行竞争的商品范围。相关地域市场，是指需求者获取具有较为紧密替代关系的商品的地理区域。这些地域表现出较强的竞争关系，在反垄断执法中可以作为经营者进行竞争的地域范围。当生产周期、使用期限、季节性、流行时尚性或知识产权保护期限等已构成商品不可忽视的特征时，界定相关市场还应考虑时间性。在技术贸易、许可协议等涉及知识产权的反垄断执法工作中，可能还需要界定相关技术市场，考虑知识产权、创新等因素的影响。

就界定相关市场的基本依据，《指南》指出，在反垄断执法实践中,相关市场范围的大小主要取决于商品(地域)的可替代程度。在市场竞争中对经营者行为构成直接和有效竞争约束的,是市场里存在需求者认为具有较强替代关系的商品或能够提供这些商品的地域,因此,界定相关市场主要从需求者角度进行需求替代分析。当供给替代对经营者行为产生的竞争约束类似于需求替代时,也应考虑供给替代。需求替代是根据需求者对商品功能用途的需求、质量的认可、价格的接受以及获取的难易程度等因素,从需求者的角度确定不同商品之间的替代程度。原则上,从需求者角度来看,商品之间的替代程度越高,竞争关系就越强,就越可能属于同一相关市场。供给替代是根据其他经营者改造生产设施的投入、承担的风险、进入目标市场的时间等因素,从经营者的角度确定不同商品之间的替代程度。原则上,其他经营者生产设施改造的投入越少,承担的额外风险越小,提供紧密替代商品越迅速,则供给替代程度就越高,界定相关市场尤其在识别相关市场参与者时就应考虑供给替代。

关于界定相关市场的一般方法,《指南》指出,界定相关市场的方法不是唯一的。在反垄断执法实践中,根据实际情况,可能使用不同的方法。界定相关市场时,可以基于商品的特征、用途、价格等因素进行需求替代分析,必要时进行供给替代分析。反垄断执法机构鼓励经营者根据案件具体情况运用客观、真实的数据,借助经济学分析方法来界定相关市场。无论采用何种方法界定相关市场,都要始终把握商品满足消费者需求的基本属性,并以此作为对相关市场界定中出现明显偏差时进行校正的依据。

《指南》还列举了界定相关商品市场和相关地域市场考虑的主要因素。简言之,界定相关市场是经济学介入反垄断执法领域的一个典型事例。

第二章 垄断协议

第一节 概 述

本章所讲述的是垄断协议。垄断协议是指排除、限制竞争的协议、决定或者其他协同行为。垄断协议因其对市场竞争的巨大危害性,成为各国反垄断法规制的首要对象。

一、垄断协议的概念

我国《反垄断法》第 13 条第 2 款明确规定:"本法所称垄断协议,是指排除、限制竞争的协议、决定或者其他协同行为。"处于激烈竞争状态下的企业,为避免竞争可能带来的风险,往往会选择相互约定不开展竞争,维持既定的市场份额以获得稳定的利润。因此,垄断协议是市场竞争发展到一定程度的产物,其实质是经营者通过共谋行为排斥和限制相关市场内的竞争。

各国对垄断协议的称谓并不相同,比如德国在《反限制竞争法》中称之为"卡特尔",《欧洲联盟运作条约》(本书以下简称《欧盟运作条约》)中称之为"限制竞争协议",日本的《禁止私人垄断和维护公平交易法》称之为"不正当交易限制",而联合国贸易与发展会议 2004 年公布的《竞争示范法》中,垄断协议被称为"限制性商业惯例"。尽管名称各异,但各国对垄断协议含义的理解是基本一致的。

对垄断协议概念的理解主要应当注意以下三点:一是垄断协议都是由两个或者两个以上相互独立的经营者达成的;二是经营者协议的内容具有排除、限制竞争的负面影响;三是垄断协议的形式不仅包括经营者之间明确达成的协议,还包括经营者间形成的决定和其他协同行为。

(一)垄断协议的主体

根据各国法律的规定和执法实践,垄断协议的主体是经营者或由经营者组成的团体组织。对垄断协议主体的界定必须明确以下三点:

第一,垄断协议的参与者一定是以复数形式出现的,即必须由两个或两个以上的经营者所为。行业协会、商会等经营者的团体组织,虽然表现为是单一主体的意思表示,但由于是成员企业的共同或多数意见,因而也是经营者之间达成的协议。

第二,参与垄断协议的主体范围是较为宽泛的,包括与经营活动相关的所有经济组织与个体。既包括直接从事生产经营活动的自然人、法人等,也包括商业联合会、行业协会等虽然不直接从事生产经营活动但与经营活动密切相关的社会团体。因此,对垄断协议中"经营者"的认定,在法律实施中,只看其是否与经营活动相关,而与其组织形态、成立形式、筹资方式、是否以营利为目的等因素没有必然的联系。

第三,垄断协议的经营者必须具有独立性。这里所称经营者的独立性是指经营者决策的独立性,即参与垄断协议的经营者相互之间不存在法律上或资产上的控制与被控制关系。如果参与协议的经营者之间存在母公司与子公司的从属关系,或者参与协议的经营者共同受某第三方经营者的股权控制(如公司甲分别是参与协议的乙公司、丙公司和丁公司的控股股东,那么,乙、丙、丁三家公司在经济决策上必须要服从控股股东甲公司的意志),他们之间的协议就不应当被视为是各独立经营者之间达成的协议。

(二)垄断协议的内容

垄断协议之所以受到反垄断法的规制,就是因为其内容具有排除、限制市场竞争的负面影响。竞争是推动经济及整个社会发展的巨大动力,但是经营者对于竞争的态度往往是矛盾的。一方面希望通过竞争带给自己机会和实惠;另一方面又力图逃避竞争给自己带来的巨大压力。因此,市场中的经营者都有避免和限制竞争的本能。垄断协议的内容就是通过对经营者经营活动的约束,来减少或者消除市场竞争。如经营者之间达成了固定或者提高价格水平的垄断协议,就会消除了竞争者之间的价格竞争,使市场的价格机制受到破坏,无法有效发挥引导投资和消费的作用;再如经营者之间达成限制产量的垄断协议,共同约定产品的生产数量,人为地控制市场的供给,不仅可能造成供应不足而发生抢购,同时还有利于维持产品高价。除此之外,垄断协议还包括划分市场、联合抵制交易、限制对新技术新产品的开发和利用等类型。在某些情况下,上下游经营者之间也会形成垄断协议,如固定转售商品的价格等。垄断协议的后果都使得原有的市场竞争遭到破坏,竞争机制无法发挥作用。

(三)垄断协议的形式

垄断协议的形式是多种多样的,通常表现为经营者之间通过共谋达成的协议;另外,经营者间形成的决定,或者经营者间默契形成的其他协同行为也可构成垄断协议。由此可见,垄断协议所称的"协议"在外延上比其他法律规定的"合同"或"协议"更宽。既可以是书面的,也可以是口头的;既可以是明示的,也可以是默示的。既可以由双方协商达成,也可以由多方通过少数服从多数的方式投票达成。不管是协议形式、决定形式还是其他协同行为,要构成一项垄断协议,经营者之间的共谋是关键,即具有排除、限制竞争的意思联络。下面对垄断协议的形式分别加以说明。

1. 协议

协议是指两个或者两个以上的经营者就排除、限制相关市场中的竞争所达成的一致意思。根据各个国家的实践,这种协议包括了经营者通过各种形式所达成的排除或限制的合意,只要有证据证明经营者已经形成上述合意,即可认定协议的存在。

2. 决定

决定是指企业联合组织,行业协会、商会等由经营者组成的团体,就排除、限制相关市场中的竞争所形成的章程、决议、通知、声明、会议备忘录等。一般来讲,两个经营者之间的垄断协议容易引起人们注意,使限制竞争的目的过于明显而难以实现。经营者通过行业协会、商会、联合会等特殊组织,相互沟通信息、交换各自意见,协调经营行为,最终达到共同行动,这种方式较之通过订立协议的方式显得更加隐蔽且更容易实现。因此,我国反垄断法明确规定"决定"是垄断协议的表现形式之一,是具有重要实践意义的。

3. 其他协同行为

其他协同行为是指,经营者之间虽然没有达成协议,也没有可供遵循的决定,但是相互之间通过意思联络,协调彼此之间的行为,实现排除、限制竞争的目的。其他协同行为是经营者之间的一种心领神会或心照不宣,在行为上表现为各自经营,但实际上却实践着同一意图。例如,在某一市场上存在的为数不多的经营者之间,当某一个经营者带头涨价后,其他经营者即随同涨价。在现实生活中,经营者出于规避反垄断法规制的目的,垄断协议往往以非书面的形式存在,使得这种违法行为不留下可能的证据,增加执法机关的查处难度。例如,经营者的高级管理人员可能通过咖啡厅里的一次交谈,或者在高尔夫球场上的看似随意的聊天,即可能就协调一致的行动达成一致意见。在实践中,如果经营者的市场行为具有一致性,比如,市场上相同产品的价格在同一时间内发生一致的变化,同时经营者之间进行过意思联络或者信息交流,而经营者又无法对一致的行为作出合理的解释,就可以认定其他协同行为的存在。如果经营者之间只有一致的行为,而没有进行过意思联络,或者经营者可以就一致行为作出合理的解释,就不能认为是其他协同行为。

二、垄断协议的分类

垄断协议根据达成协议的经营者之间的相互关系可以分为横向垄断协议与纵向垄断协议。

(一)横向垄断协议

具有竞争关系的经营者之间达成的排除、限制竞争的协议一般被称为横向垄断协议,这种垄断协议发生在同一经营层次的经营者之间,如对某种产品的销售市场进行划分,避免相互竞争的协议,或者对某类产品的生产技术共同商定不采用新的技术,共同抵制新竞争者的进入等协议。显然,横向垄断协议对市场竞争的影响是直接的,严重的。因为同行业中的竞争者实施垄断协议的结果,就等于直接减少竞争者的数量,对消费者来说,这与市场中只有一家经营者垄断的局面没有什么两样,竞争者的共谋使得消费者失去原来应有的选择,在没有竞争的情况下只能接受因共谋而形成的价格和交易条件。横向垄断协议因其对竞争的严重危害性,受到各国反垄断法的普遍规制,我国《反垄断法》第 13 条是对横向垄断协议的规定,该条明确禁止具有竞争关系的经营者达成横向垄断协议,包括:固定或者变更商品价格的协议;限制商品的生产数量或者销售数量的协议;分割销售市场或者原材料采购市场的协议;限制购买新技术、新设备或者限制开发新技术、新产品的协议;联合抵制交易协议,以及国务院反垄断执法机构认定的其他垄断协议。

(二)纵向垄断协议

纵向垄断协议是指经营者与交易相对人之间达成的垄断协议。我国《反垄断法》第 14 条是针对纵向垄断协议的规定,禁止经营者与交易相对人达成纵向的垄断协议,包括固定向第三人转售商品价格的协议;限定向第三人转售商品最低价格的协议以及国务院反垄断执法机构认定的其他垄断协议。

纵向垄断协议的参与者之间并不具有直接的竞争关系,而是处于生产经营的不同层次的经营者。但是,应当注意的是,对于纵向关系的判断并不是以经营者的整体经营业务进行判断的,而是通过协议的内容进行判断的。例如,两家提供互联网服务的公司,具有直接的竞争关系,但是,如果双方达成的某个协议的内容是一家公司经销另一家公司的软件,另一家公司对软件的转售价格进行固定,那么即使这两家公司从总体上看属于相互竞争的企业,但是具体到协议关系上则是处于不同层次的经营者,因此,这个协议也是纵向协议。

三、垄断协议的危害

垄断协议的危害主要表现在限制和排除市场竞争,损害消费者福利和经营者的合法权益等几个方面。

第一,妨碍市场竞争机制功能。市场竞争机制的一个重要功能就是准确反映市场的供求关系,引导经营者正确决策,实现资源优化配置。但由于存在经营者之间的以限制竞争为目的的垄断协议,使商品的价格由于受到协议的约束,不能准确反映市场的供需状况,错误引导生产和消费。由此产生的错误信息不仅影响了通过市场竞争实现优胜劣汰的资源配置效率,而且因竞争机制受到损害从而削弱了市场经济体制的运行。更为严重的是,在垄断协议之下,经营者不再有竞争的压力和动力,也不再有改进技术和谋求创新的激励,会使得经营效率低下,技术创新停滞。

第二,损害消费者利益。在横向的垄断协议中,竞争者之间共谋达成一致价格,使消费者不得不面对一个没有竞争的市场;在纵向的垄断协议中,由于上游经营者限定了下游经营者的转售价格或者其他条件,使下游经营者之间形成没有竞争的市场,而消费者也就不得不面对相同定价。因此,无论哪种垄断协议的实施,都会减少消费者选择商品或服务的机会,消费者不仅不能进行自由的选择,而且还可能被迫接受垄断价格和其他的交易条件,导致消费者的利益源源不断地流向了经营者的口袋。可想而知,这样的市场交易不合理并且不公平。

第三,损害其他经营者的利益。由于垄断协议总是在一定的主体之间实施,共谋者以外的竞争者欲进入相关市场进行竞争便会受到限制,这就使他们丧失了参与竞争的机会,尤其对中小企业进入市场产生严重的不利影响。不仅如此,垄断协议对已经进入市场的那些不参与垄断协议的经营者也会有极大的影响。与垄断协议参与者的共同行为相比,非协议成员的竞争力将明显减弱,他们的经营活动和业务发展会受到直接或间接的损害,尤其是当他们被协议成员联合抵制时,甚至不得不退出竞争。

由此我们可以得出结论,虽然法律保护市场经济中大量存在的协议,法律也不阻止竞争同行们的聚会以共商发展大计,但从维护市场经济机制的目标出发,为了经济运行的持续发展,必须对那些共谋行为保持警惕,尤其不能给那些为了限制市场竞争而进行的共谋和聚会提供便利。

四、垄断协议的法律规制

反垄断法并非对所有影响竞争的协议采取一律禁止的态度。主管机关将根据该协议对市场竞争的影响是否具有合理性及其合理程度判断协议的性质,从而影响对经营者的处罚。美国在反垄断法的实践中形成了本身违法和合理分析两个原则,并在不同程度上为其他国家和地区所参考。

本身违法原则是指在判断某些协议是否构成垄断协议时,无须考虑它们对市场竞争是否存在实质性的影响或该影响的大小,只要达成了某种协议就视为当然违法。这些协议之所以适用本身违法原则,是因为其反竞争效果十分明显,一经达成就必然会产生排除或限制竞争的后果。因此,反垄断执法机构和司法机关没有必要再花费大量资源去对其可能产生的反竞争影响进行具体分析,应当直接判定其违法。一般来讲,适用本身违法原则进行处理的协议主要有:固定价格协议、限定产量协议、串通投标协议以及划分市场协议等,这些协议对市场竞争的危害是显而易见的,因而也被称为核心卡特尔(Hard-Core Cartels)。

合理分析原则是指并不将对竞争产生影响的协议视为当然违法,其违法性的确定需要依照具体情况进行合理性分析。如果它们虽然有着限制竞争的后果或目的,但同时还有推动竞争的作用,或者能显著改善经济效益,从而更好地满足消费者的需求时,则并不违法。在这个过程中,需要对协议的反竞争效果和促进竞争的效果进行全面的分析和比较,如果其促进竞争的影响超过了其反竞争的影响,那么就可以认定协议合法,反之则认定协议违法。

本身违法和合理分析原则最初是由美国法院在审理涉及垄断协议案件中创立并发展起来的,在一百多年的反垄断法实践中发挥了极为重要的作用。对不同的协议分别适用本身违法原则和合理分析原则的原因主要是有些协议对竞争的限制作用比较明显,通常不会带来促进竞争的效果,而有些协议则可能具有混合效果,既可能对竞争产生消极影响,也可能促进竞争。对严重限制竞争的协议适用本身违法原则可以使得反垄断执法机构对协议不必进行全面的调查和复杂经济分析,减少了执法成本,增强了对典型垄断协议的打击力度,提高了法律的可预见性。

在 20 世纪 70 年代后,随着社会经济的发展和变化,美国执法和司法机关在运用上述原则时也有所改变。由于经济分析方法的普遍运用以及加深了对各类协议的认识,某些在过去被认为应该适用本身违法原则进行分析的协议,也被认为适用合理原则进行分析更为适宜。总体来讲,本身违法原则的适用范围逐渐缩小,特别是对于以前适用本身违法原则的纵向协议,几乎都转而适用合理分析原则。

我国《反垄断法》第 13 条规定了应予禁止的横向垄断协议,第 14 条规定了应予禁止的纵向垄断协议。第 15 条规定,当经营者能够证明其协议符合该条所列举的情形之一时,就不适用第 13 条和第 14 条的规定,这实际上是以成文法的方式体现了本身违法原则和合理分析原则。

第二节　横向垄断协议

横向垄断协议是指具有竞争关系的经营者之间达成的垄断协议。由于这些经营者在市场经营层次上处于水平关系,所达成的垄断协议对市场竞争的影响是十分明显的,同业竞争者一旦结盟,市场竞争即刻会消失或者被削弱,因此为各国反垄断法所禁止。我国《反垄断法》第 13 条第 1 款规定:禁止具有竞争关系的经营者达成下列垄断协议:(1)固定或者变更商品价格;(2)限制商品的生产数量或者销售数量;(3)分割销售市场或者原材料采购市场;(4)限制购买新技术、新设备或者限制开发新技术、新产品;(5)联合抵制交易;(6)国务院反垄断执法机构认定的其他垄断协议。据此,可以将横向垄断协议的类型分为以下几种。

一、固定或者变更商品价格

固定或者变更商品价格的垄断协议又被称为价格垄断协议,是指具有竞争关系的经营者通过协议、决定或者其他协同行为来共同确定、维持或者改变商品价格的行为,包括固定商品的价格、商定商品的最低限价和最高限价等情形。

价格作为市场中最活跃的因素,被视为市场的晴雨表。价格作为生产者之间和生产者与消费者之间互通信息的媒介,是促进和调节生产最重要的因素。在产品需求旺盛时,产品的价格会上涨,从而刺激生产者生产更多的产品,或者更多的生产者进入市场,这就可以起到调节供求和优化配置资源的作用。此外,价格也是激励经营者改进技术和改善管理的经济参数,因为在降低生产成本和价格的情况下,生产者可以增加销售,扩大市场份额,击败竞争对手。然而,一旦产品的价格被固定下来,价格竞争就消失了,经营者不会有动力努力提高生产效率,开发新产品,向社会提供质优价廉的商品,消费者由于缺少选择,也只能承受高价。此外,价格的固定还使得价格机制的作用消失殆尽,无法有效地引导投资和消费,资源配置作用也无法发挥。因此,横向固定价格垄断协议危害性极大,各国反垄断法均予以重点关注,有的国家还在法律中对此规定了相应的刑事责任。

固定或者变更商品价格协议的表现形式多种多样,既包括直接的价格垄断协议,也包括间接的价格垄断协议。

直接的价格垄断协议一般表现为在协议中明确地规定固定或者变更商品价格内容,如直接固定价格的数值或规定价格升降的百分比,约定计算价格的公式等;间接的价格垄断协议一般表现为约定不同产品之间的价格比例关系,或通过限定产品利润率或其他经济指标的方式,间接限定商品价格及其变化。

一般来讲,固定或者变更商品价格的垄断协议的表现形式主要有以下几种:

1. 固定或者变更商品和服务(以下统称商品)的价格水平;

2. 固定或者变更价格变动幅度;

3. 固定或者变更对价格有影响的手续费、折扣或者其他费用;

4. 相互串通,使用约定的价格作为与第三方交易的基础;

5. 约定采用据以计算价格的标准公式;

6. 相互串通投标价格;

7. 约定未经其他经营者同意不得变更价格。

除了上述几类比较常见的固定或者变更商品价格的垄断协议之外,实践中还存在其他一些价格协调方式。比如经营者之间共同减少或限制进货,以保持高价或提高价格;通过行业协会发布价格建议或者进行价格信息交流的方式间接地确定价格等。

价格垄断协议形成的方式既有明示的,也有默示的。由于各国反垄断法对价格垄断协议一般都规定了较为严厉的法律责任,只要经营者之间达成了固定或者变更价格的协议,执法机构即可认定其行为的违法性,至于经营者后来是否执行了协议的内容不必考虑。因此,参与垄断协议的经营者为了规避反垄断执法机构的调查,往往采取较为隐蔽的方式达成价格垄断协议,只是表现为协调一致的价格行动。在各国反垄断法调查的实践中,也同样重视表现为其他协同行为形式的价格垄断协议。

二、限制商品的生产或销售数量

限制商品的生产数量或销售数量的垄断协议,是指参与垄断协议的经营者通过限制相关市场上的商品的生产或者销售数量,影响市场供给状态,最终影响市场价格的行为。在市场机制作用下,商品的市场供给量和产品的价格存在一种反比例关系,向市场提供的商品数量越多,产品的价格就会不断降低;相反,在需求量一定的情况下,向市场提供的产品数量越少,产品的价格就会越高。在有效竞争的情况下,经营者根据市场价格的变化调解商品的生产量和销售量,同时这种数量的变化又使商品的价格在正常的范围内不断变化。

限制生产或者销售商品数量的垄断协议对经济发展和消费者都是非常不利的。限制生产或者销售的数量会人为地造成市场供应的紧张,尤其是数量限制和价格垄断协议同时发生作用时,排除或者限制竞争的影响就更大。限制数量的垄断协议在各国通常都是被反垄断法所禁止的典型垄断协议类型。

从具体行为方式来看,限制商品的生产或销售数量的垄断协议有以下两种形式:

一是在生产环节,共同限制商品的生产数量。即垄断协议成员共同商定生产商品的数量,包括规定每一位生产者生产数量的上限、分配生产指标等形式。此外,通过对原材料市场的控制,也能客观上达到限制生产数量的效果。

二是在销售环节,经营者共同限制商品的销售数量。垄断协议直接限定参与垄断协议的经营者就某种商品的具体市场投放量或者投放比例,与生产环节的数量限制一样,经营者之间既可能约定相互之间的投放比例,也可能规定一个投放的最高限额。此外,规定经营者必须保有一定量的市场库存也是限制数量的一种表现形式。

在市场需求旺盛的情况下,经营者之间达成控制销售数量的垄断协议,可能人为造成市场供不应求局面。经营者不仅能够有效地控制市场供给,获得垄断利润,还可能借此对销售附加其他的不合理条件。

限制商品生产或者销售的垄断协议还常常与价格垄断协议密切联系,有时甚至捆绑在一起。因为如果不对参与垄断协议的经营者的生产或者销售数量加以控制,在垄断利润的诱惑下,经营者就会大大增加生产或者销售的数量,价格垄断协议就很难维持下去。

三、分割销售市场或者原材料采购市场

分割销售市场或者原材料采购市场的垄断协议,是指具有竞争关系的经营者之间通过协议分割产品销售市场或原材料采购市场,排除、限制竞争的行为。这种垄断协议相当于经营者之间达成了在划分的市场内不竞争的协议。这种不竞争既包括不允许其他的经营者进入该市场开展生产、经营活动,也包括经营者在自己划定的市场内不得接受来自其他市场的交易机会。

统一、开放的市场是有效竞争的基础,经营者自由进入特定的产品市场或者地域市场,才能开展有效竞争。分割市场的垄断协议会产生这样的后果:参加协议的经营者相互约定,对特定的产品市场或者地域市场进行分割,某一经营者分得该市场后,其他的经营者不得进入该市场进行生产或销售。由于在划定的市场上只有一个经营者,不存在与其他竞争者的价格竞争,就相当于在较小的市场上独占经营,该经营者就完全可以通过制定垄断价格、控制供应数量来谋取超额利润。

分割销售或者原材料采购市场的垄断协议在削弱市场竞争方面,并不逊色于固定或者变更商品价格的垄断协议。经营者之间之所以协议划分销售市场或者原材料采购市场,一般来说是因为在各个市场内的交易条件是不同的,这种不同既体现在价格方面也体现在非价格方面,例如售后服务的差异。如果不进行市场划分,消费者在比较之后会涌向销售价格低、服务质量好的区域进行消费,而划分市场就保证了某一地区经营者能够垄断该地区的生产和销售,避免来自其他地区经营者的竞争。存在固定或者变更商品价格的垄断协议时,经营者仍有可能展开产品质量和服务方面的竞争;但是在分割销售或者原材料采购市场的垄断协议下,由于协议各方实际上垄断了一定地域或客户范围,在价格、服务、质量等方面都拥有了绝对的垄断权,使得相应的市场上只有独一无二的垄断经营者,实质性地排除了任何竞争。在这种情况下,在市场分割区域内的消费者不得不面对唯一的供应商,在缺乏可选择的替代交易的情况下,只能接受垄断经营者提供的商品和交易条件,不能就价格、质量和品种等进行实质性的谈判或磋商。这种割据式的市场状态会使得经营者缺乏竞争的压力,安于现状,不思创新,并降低经营者提高生产、加强管理、改善经营、强化服务的内在动力,其结果只能影响整个社会的科技进步和减损社会福利。

分割销售或者原材料采购市场的垄断协议是典型的垄断协议类型,根据分割的目标市场不同,可以将其分为以下三类:

第一,分割地域市场的垄断协议。分割地域市场的垄断协议是指两个或两个以上的经营者,为避免竞争而达成的划定彼此销售区域或者原材料采购区域的协议,协议约定各方只在划定的区域内从事采购、生产或销售,而不得到其他区域内与其他经营者展开竞争。例如生产或销售同类产品的甲、乙双方彼此约定,甲方只在我国的东部地区销售,乙方只在西部地区销售;如果甲方要在西部地区销售,必须通过乙方才能进行。在地域分割垄断协议得以有效执行并缺乏潜在市场进入者的情况下,协议各方在各自的区域内相当于垄断经营者,能够对相关市场形成绝对控制并谋取垄断利润。

第二,划分顾客群(消费者或用户)的垄断协议。划分顾客群的垄断协议是指两个或两个以上的经营者,为避免竞争而在经营者之间按照一定标准对消费者或用户进行人为的划分,约定只和特定的消费者或用户进行交易,从而实现分割市场的目的。比如,具有竞争关系的甲、乙双方约定,甲方专门向大型单位客户出售商品,乙方只向零散的小客户出售商品。在这种协议下,经营者与特定对象的交易不再面临其他协议参与方的竞争,使得经营者的竞争压力大大减轻。但与此同时,消费者或用户却被剥夺或减少了与其他经营者进行交易的权利,损害了它们在市场经济条件下应有的自由交易权利。

第三,分割产品市场的垄断协议。分割产品市场垄断协议是指两个或两个以上的经营者,为避免竞争而在经营者之间达成的、就产品或原材料的类型不同进行市场划分的垄断协议。在现实经济生活中,同一种类的产品在市场上一般总是存在不同的类型,其表现为规格、型号、性能和质量等方面的差异。由这些差异所形成的不同类型产品往往有自己相对固定的客户群和较为稳定的销量,从而在同类产品中也存在着因差异化而引起的竞争。恰恰是这种差异化引起的竞争,成为促进行业生产力发展和科学技术进步的原动力。但是,如果通过对同一类产品的不同类型进行市场分割,就会将经营者所生产的同类产品限制在特定类型之上,消除了产品类型的差异化竞争。比如在

1962 年发生的美国吉列公司一案中,法院发现市场上大约 95% 的双面刀片是吉列公司制造的,而单面刀片主要是希克保安刀片公司和美国保安刀片公司制造的。双方通过互相不侵入对方市场的安排,实现了限制竞争的结果,被认定为是划分市场的垄断协议。

总之,市场分割的垄断协议通过划分销售市场与原材料采购市场,一方面导致了效益好的经营者因为销售市场受到限制而不能扩大市场;另一方面又使得效益不佳的经营者由于其市场受到了保护而不会被竞争淘汰。这使得优胜劣汰的市场机制无法发挥作用,社会资源不能得到合理配置和有效利用,同时也会损害消费者选择商品的权利,强迫性地让消费者支付比在竞争条件下更高的价格。

为了有效监督划分销售市场或者原材料采购市场的垄断协议的执行,经营者之间通常还会形成一种有效的惩罚机制,即如果某一经营者不遵守这种市场划分的安排,将受到来自协议规定的惩罚。

四、限制购买新技术、新设备或者限制开发新技术、新产品

限制购买新技术、新设备或者限制开发新技术、新产品的垄断协议可简称为限制新技术、新设备、新产品的垄断协议,是具有竞争关系的经营者之间订立的,限制各方购买新技术、新设备或者开发新技术、新产品,以维持现有市场竞争格局,具有排除、限制竞争效果的协议。

在市场经济条件下,市场竞争的一个重要功能就是促进创新,通过创新提高生产效率,降低产品成本,优化产品质量,促进经济发展和消费者福利的增加。在知识经济高速发展的今天,经营者之间的竞争很大程度上来源于技术和创新的竞争。有效的市场竞争能够激励经营者购买或者开发新技术,以此增强自身竞争实力。通过签订限制新技术、新设备、新产品的垄断协议,经营者摆脱了竞争的压力,不再有动力主动开发或者引进新技术、新产品,最终限制了经营者通过创新进行的市场竞争,保护了低效率和落后,也对整体的技术进步造成不利影响。因此,限制新技术、新设备、新产品的垄断协议是一种较典型的垄断协议,必须予以禁止。

根据《反垄断法》的规定,限制新技术、新设备、新产品的垄断协议主要包括两大类:

一是限制购买新技术、新设备协议。这是从购买的角度限制经营者通过外部途径获得新技术或新设备。由于新技术和新设备能够提高生产效率,增加产品数量,这种垄断协议实际上限制了生产效率的提高,排除了采用新技术和新设备引起的新的市场竞争。

二是限制开发新技术、新产品协议。这是限制经营者通过内部途径获得新技术或新产品。经营者之间通过协议阻碍新产品、新技术的出现,防止新技术的出现带来的产品数量和产品质量的提高,从而避免了相互竞争可能带来的压力。

在实践中,限制新技术、新设备、新产品的垄断协议可能有多种不同的具体表现。如有的协议在内容上并不直接规定不得购买新技术、新设备或者开发新技术、新产品,但客观上将产生这样的效果。例如,经营者之间相互约定未来的科研投入比例和投入量就可能会限制经营者的科研投入,最终导致限制新技术、新设备和新产品的研究开发。另外,此类协议也可能和知识产权的行使结合在一起,增加了判断的难度。

五、联合抵制交易

联合抵制交易的垄断协议,是指具有竞争关系的经营者之间联合起来,拒绝与其他特定的经营者进行交易,排除、限制竞争的行为。在市场竞争条件下,作为独立市场主体的经营者当然有权利选择交易对象,选择交易对象的过程本身也是实施市场战略,与其他经营者展开竞争的过程。但是,如果多个经营者联合起来,抵制与特定的经营者进行交易,那么该经营者就必然处于不利的市场地位,甚至会被排挤出市场。在一个有效竞争的市场,经营者的市场地位应当由竞争机制来决定,其他经营者根据该经营者的产品价格和质量、技术水平以及信用程度等因素,选择是否与其进行交易,该经营者在市场是不断发展壮大,还是被淘汰,都应当由市场决定。经营者联合抵制交易的垄断协议,破坏了上述市场竞争规则,使特定的经营者失去了公平竞争的机会,排除、限制了竞争,应当予以禁止。

联合抵制交易通常表现为经营者共同阻碍其他经营者进入相关市场或者排挤相关市场内竞争对手的行为。因此,联合抵制交易的垄断协议可分为两类:一是为阻止新的竞争者进入市场而设置障碍的协议;二是共同排挤市场内已有的竞争对手的协议。前者是市场内现有经营者通过一系列的手段设置市场障碍,阻止其他潜在经营者进入市场参与竞争的行为;后者是一些共谋者出于将具有直接竞争关系的经营者驱除出市场的目的而实施的联合抵制行为。在实践中,联合抵制交易既可以是两个或两个以上的经营者共同实施,也可以是借由行业协会以特定理由来实施。例如,在价格、数量或其他垄断协议中,联合抵制可以作为一种惩罚机制,用来惩罚背叛价格垄断协议或不愿介入垄断协议的经营者,以此作为手段强制经营者参与,这种强化垄断协议的做法会使市场竞争受到更大损害。

在实践中,并不是所有的联合抵制行为都构成联合抵制交易的垄断协议。比如在某行业之中制定相关的标准,对违反该标准的经营者实施联合抵制,从而规范本行业经营者的经营行为和商业道德,在行业自律和法律效力方面都具有正当性。在这种情况下,联合抵制也可能产生促进效率和市场竞争的结果。因此,只有当联合抵制交易产生了排除、限制竞争的效果时才被认定为垄断协议从而被禁止。通常认为,如果联合抵制参与人的市场力量较为突出,或者联合抵制行为的实施十分明显地排除了新竞争者的进入,或者导致市场进入极其困难,就容易被判定为产生了排除、限制竞争的效果。具体来说,可以考虑如下因素来进行判断:一是联合抵制参与人在相关市场上的市场支配力量及其对市场竞争的相关要素(如控制销售市场或者原材料采购市场的能力、财力和技术条件等)的控制能力。如果协议参与方包括了相关市场上的绝大多数经营者,且在竞争要素的控制上拥有绝对力量,那么其排除、限制竞争的作用就越强。二是联合抵制行为是否会造成实质性的市场进入障碍。如果联合抵制协议消除了潜在竞争者进入市场的可能性,那么其造成的限制竞争后果就比较严重。三是联合抵制行为的目的。如果联合抵制行为是为了统一标准、提高效率或者实现技术革新等合法目的,则可能不属于联合抵制交易的垄断协议。根据我国《反垄断法》第 15 条的规定,如果联合抵制行为具有该条规定的情形的,不适用反垄断法禁止联合抵制交易的垄断协议的规定。

六、国务院反垄断执法机构认定的其他垄断协议

由于市场发展变化的不确定性,经营者达成垄断协议的形式也会随之变化。虽然《反垄断法》通过列举的方式,对以上五类典型的垄断协议进行了明确的规定,但法律需要对市场发生变化时可能产生的其他类型的垄断协议进行及时的规制。由于经济社会发展带来的多样性,《反垄断法》还设置了兜底条款,将其他有可能对竞争构成实质性的限制或明显损害消费者利益的、但又无法纳入上述五种类型的垄断协议行为,以"国务院反垄断执法机构认定的其他垄断协议"进行概括。

第三节　纵向垄断协议

纵向垄断协议是指在生产或者销售过程中处于不同层次的经营者之间(如生产商与批发商之间、批发商与零售商之间等)达成的排除、限制竞争的协议。与前述横向

垄断协议不同,纵向垄断协议不以限制同业竞争者的市场竞争为目的,而是以限制上下游经营者之间的交易关系为目的。纵向垄断协议虽然不直接表现为排除、削弱同业经营者之间的竞争,但其通过限制上(下)游经营者的经营自由,从而限制上下游各层面的竞争,对市场竞争造成不利影响。

与横向协议相比,纵向协议对竞争的影响不太明显,因此,从国际上反垄断法的发展趋势看,纵向协议被判定为垄断协议的情形在减少,美国在司法实践中对纵向协议均采用合理分析原则,也不再对纵向价格协议与纵向非价格协议加以区别对待,总体上对纵向协议采取比较宽松的政策。我国《反垄断法》也是与上述趋势一致的,仅禁止排除、限制竞争效果较明显的纵向垄断协议。《反垄断法》第14条规定:禁止经营者与交易相对人达成下列垄断协议:(1)固定向第三人转售商品的价格;(2)限定向第三人转售商品的最低价格;(3)国务院反垄断执法机构认定的其他垄断协议。根据该规定,纵向垄断协议可以分为以下几类。

一、固定向第三人转售商品价格

固定向第三人转售商品价格的垄断协议,是指上游经营者(比如供货商)对下游经营者(比如批发商)转售商品的价格予以固定,下游经营者只能以该价格进行销售的排除、限制竞争的协议。固定向第三人转售商品价格的垄断协议具有以下几个显著的特征:

第一,达成协议的经营者之间相互独立,并非是单一经济实体。所谓单一经济实体,是指经营者之间虽然具有独立的法律人格,但是由于它们之间具有紧密的经济联系,或者存在控制与被控制的关系,从而可以视为是一个单一的主体。比如,子公司不具有独立的经济地位,在经营上受母公司的管理和控制,则只能将子公司和母公司看成是一个单一经济实体,从而在它们之间不存在纵向协议。如果经营者之间是属于代理关系,也不存在转售价格的控制问题,因为他们之间并不存在独立的交易关系。如欧盟、德国和日本的反垄断法都明确规定,代理商按照委托人的意志进行定价的行为不视为固定转售价格的行为。

另外,在关联企业之间签订的协议之中如果含有固定转售价格的内容,依照公司法的原理,关联企业并不构成一个法律实体,因此,一般应受到反垄断法的规制,所达成的固定转售价格垄断协议应受禁止。但是如果关联企业之间确实存在紧密联系的,则作为例外情况,可以视为一个整体对待。

第二,该协议必须是带有强制性的,限制转售价格是上游经营者对下游经营者构成有拘束力的限制行为,但不包括单纯的价格建议行为。有些商品上经常会标有"制造商建议以××价格销售"的字样,一般来讲它只是对零售商销售商品的一种价格建议和提示,这种做法有时候还能给消费者带来价格透明公开的好处。限制转售价格与价格建议区别在于是否有契约关系以及存在惩罚措施。凡订有罚则或以拒绝交易相要挟等内容的契约,如在上下游经营者之间存在"不以建议价格销售就不供货"之类的威胁性要求,即属于强制性的限制转售价格。

固定向第三人转售商品价格的垄断协议既可能是制造商发起达成的,也可能是销售商要求制定的,还可能是双方为了共同利益协同和合谋的。对于制造商而言,通过达成此类协议,可以将价格固定在一个较低的水平,从而实现薄利多销和规模效益,从而增加市场份额;也可以将价格固定在一个较高的水平,从而维持商品高价位、高品质的公众形象。下游销售商要求制造商固定转售价格是因为一旦制造商对商品的转售价格进行限制,便可削弱商品在零售环节上的价格竞争,避免销售商之间的价格比拼,从而保证获取稳定的利润。在实践中,一些零售商协会也会采取各种措施积极配合和协助制造商控制转售价格。不管协议是谁发起的,也不管制造商将价格固定于何种水平,只要该协议产生反竞争的效果和影响,就属于应被禁止的垄断协议。

实践中,固定向第三人转售商品价格的垄断协议通常出现在市场集中度较高的相关市场中,因为在这种市场中相关产品的竞争并不激烈,上述协议相对容易维持。如果订立协议的交易双方面临着有效的市场竞争,在交易双方之外还存在能对市场产生重要影响的第三方,那么经营者之间就很难达成并维持上述协议。而一旦固定向第三人转售商品价格的垄断协议得以达成并维持,市场上经营同一商品的经营者就不能根据各自的竞争状况和成本结构开展价格竞争,转售商对自己经销商品的定价权也被剥夺,结果相当于销售商之间达成以相同价格出售商品的横向价格垄断协议,只不过这种协议是在强势压力之下被动达成的。尤其是当上游的经营者之间也存在垄断协议时,下游的销售商们更是不能通过诸如改变供货渠道等方式来行使自己自由定价的权利。由于价格固定在一个水平之上,一部分销售量会从低成本的销售商转移到高成本的销售商,经营效率低下的销售商得以保存,其市场地位得以巩固而不会被淘汰。而且,在这种情况下,即使那些在经营上效率很高的销售商也不能将自己的高效率带来的好处扩展至消费者分享,为此消费者不得不支付更高的价格,社会整体利益也受到损失。

固定向第三人转售商品价格的垄断协议表现形式多样,比如,生产商和销售商之间可能达成协议:如果销售商以生产商规定的价格进行销售,那么销售的剩余商品由生产商予以买回,而不是降价贱卖;或者生产商可以提供一定的回扣和提供其他相关产品的优惠;如果销售商不按照生产商规定的价格进行销售,生产商将采取停止发货、减少发货、拒绝供应其他产品或者提高供货价格等措施。通过这种方式,上游经营者就能对下游经营者实施有效控制,从而维持垄断协议的稳定性。

二、限定向第三人转售商品的最低价格

限定向第三人转售商品的最低价格的垄断协议,是指上游经营者(比如供货商)对下游经营者(比如批发商)转售商品的最低价格作出规定,约定下游经营者不得低于规定价格出售产品的排除、限制竞争的协议。

限定向第三人转售商品的最低价格实际上是限制转售商对自己经销商品的定价权,结果是限制了市场上经营同一商品的经营者根据各自的竞争状况和成本结构开展价格竞争的空间。而且由于转售价格通常高于竞争价格,对消费者利益也会造成严重损害。限定向第三人转售商品的最低价格的垄断协议对竞争的负面影响主要表现在以下三个方面：

第一，推动价格垄断协议的形成。虽然这种协议并没有完全剥夺下游经营者的自由定价权，而是给出了一个最低转售价格，下游经营者可以在最低定价之上进行价格调整。但是，由于上游经营者所确定的最低限价本身就是偏高的价格，下游企业不可能在此价格的基础上再提价开展竞争。而在无法降价竞争的情况下，下游企业当然乐意接受统一的价格销售商品。因此，限定向第三人转售商品最低价格的垄断协议实际上是通过纵向协议的形式达到了横向限制竞争的目的，使得下游经营者难以根据市场供需及自身情况合理调整其出售的产品价格，同时，由于制造商的监督和"违反协议即停止供货"等的威胁，该销售商也不能通过改变供货方式增强自己在定价上的自由度，无形中订下以相同价格出售产品的协议，排除、限制了销售商之间的有效竞争。

第二，阻碍品牌内部的竞争。由于生产商限制经销商的转售价格，同一品牌的经销商之间就无法在价格层面展开有效竞争，最终相当于以统一的价格进行出售，消除了品牌内部的竞争。

第三，损害消费者的利益。同固定向第三人转售商品价格的垄断协议一样，限定向第三人转售商品的最低价格会使得一部分销售量从低成本销售商转移到高成本销售商,经营效率较高的销售商也不能将自己高效率带来的好处扩展至消费者分享,消费者不得不支付更高的平均价格,社会整体福利受到损失。

限定向第三人转售商品最低价格的协议并不一定都构成垄断协议。有的限定向第三人转售商品最低价格的协议也会存在合理性。首先,在特定的条件下可以避免搭便车效应。所谓搭便车效应,是指对于复杂的消费品如计算机、音响等而言,销售商的售前服务(例如广告宣传)是很重要的,如果一家销售商在售前服务方面进行了投资,无疑会为该产品带来更多的消费者,但同时也增加了销售成本。因此,销售商都希望其他的销售商能够充分做好售前服务宣传,自己可以搭上他人的便车销售同样的产品。如果再辅以比别的销售商低廉的价格,就能诱使消费者转而向自己购买同样商品。如果出现这样的情况,率先提供售前服务的销售商势必减少提供售前服务,以省下成本与搭便车的销售商开展价格竞争。长此以往,将会因影响该商品的总销售量而对制造商不利。正是为了解决此种搭便车问题,上游制造商才会责令下游销售商遵守一定的最低转售价格,使所有的销售商在价格问题上的竞争转为各种售前(售后)服务方面的竞争,不用担忧搭便车效应,各自放心地进行商品展示、功能解说、使用方法说明、广告宣传、促销等活动,增加商品的总销售量,从而弥补因价格上涨所可能产生的损失。

其次,限定向第三人转售商品的最低价格的协议还可以发挥品质和流行保证的功能。所谓品质和流行保证,是指某些下游销售商在整个销售过程中发挥着特殊的功能(称为特定销售商),他们可能对所售商品品质管理特别严格,或者只销售高品质的商品,或者对流行特别敏感而建立起流行商品店的信誉等,使消费者认为只要是此类销售商所销售的商品就是有品质保证或流行保证的。为了实现品质和流行保证的功能,这些特定销售商必须投注大量的时间与费用从事品质检验与商品比较等工作,或需花费巨资装潢以引起高品位或高格调的观感。当特定销售商销售这类商品时,如果不存在上游制造商限定最低转售价格的协议时,其他销售商就会搭特定销售商的便车,但可以较低的价格销售同样的商品开展竞争。为了避免这类情况的发生,上游制造商倾向于对所有的下游销售商都限定转售的最低价格,保证下游销售商在没有价格竞争的情况下获得稳定的收益,而销售商之间的竞争就是通过投入资源建立品质与流行保证来进行。因此,维持最低转售价格协议的存在就成为了激励特定销售商进行投资的诱因。

但是,限定向第三人转售商品的最低价格的协议在阻止搭便车效应和发挥品质以及流行保证功能方面也不能夸大。首先,对普通商品来说,由于其性能、品质已经为大多数消费者所熟知,其售前服务的成本是微乎其微的。经营者也不会因少部分消费者不了解商品性能而去提供售前服务,使大多数消费者承受较为高昂的价格。其次,对流行性较强的商品来说,实际生活中鲜有消费者是先到有品质、流行保证的商店里享受服务后再到价格低廉的商店去购买商品,即便是存在这样的消费者,他们给有品质、流行保证的商店造成多大的损失,以及这些损失是否足以支撑起维持最低转售价格的合理化也是值得怀疑的。因此,应当权衡限定向第三人转售商品的最低价格的协议所产生的负面影响及积极效果,当排除、限制竞争的效果大于促进竞争的效果时,应判定为《反垄断法》第14条所禁止的垄断协议。

三、国务院反垄断执法机构认定的其他垄断协议

我国《反垄断法》只对涉及价格的纵向垄断协议类型作了明确的禁止性规定,并且只列举了两种类型的纵向价格垄断协议,即固定向第三人转售商品价格的垄断协议和限定向第三人转售商品最低价格的垄断协议,没有涉及其他形式的纵向垄断协议。在实践中,除上述两类协议外,

纵向垄断协议也可能表现为限定向第三人转售商品最高
价格的协议,以及其他的非价格纵向协议,如独家经销协
议、单一品牌协议等。相比于《反垄断法》所列举的两类垄
断协议,其他可能构成垄断协议的纵向协议在社会经济生
活中的影响较为复杂,往往具有更多的效率合理性,或者
有助于减少交易成本,或者有助于实现规模经济,或者有
助于促进特定投资等等,对市场竞争的影响要小得多。因
此,对于其他影响竞争的纵向协议,可以根据实际情况由
反垄断执法机构认定是否构成垄断协议,综合考虑其对市
场竞争的有利影响和不利影响来决定是否予以禁止。对
此,《反垄断法》只是对其他须禁止的纵向垄断协议进行了
概括性规定,即《反垄断法》第 14 条第 3 款规定,"国务院
反垄断执法机构认定的其他垄断协议"也应予以禁止。

第四节　不适用第 13 条、第 14 条的情形

《反垄断法》第 13 条、第 14 条分别规定了应予禁止的
横向垄断协议和纵向垄断协议,但如果一个横向协议或纵
向协议并没有实质性地产生排除或限制竞争的效果,则不
构成前述应被禁止的垄断协议。对此,《反垄断法》第 15
条专门规定了不适用第 13 条、第 14 条的情形:经营者能够

证明所达成的协议属于下列情形之一的,不适用本法第 13 条、第 14 条的规定:(1)为改进技术、研究开发新产品的;(2)为提高产品质量、降低成本、增进效率,统一产品规格、标准或者实行专业化分工的;(3)为提高中小经营者经营效率,增强中小经营者竞争力的;(4)为实现节约能源、保护环境、救灾救助等社会公共利益的;(5)因经济不景气,为缓解销售量严重下降或者生产明显过剩的;(6)为保障对外贸易和对外经济合作中的正当利益的;(7)法律和国务院规定的其他情形。

对于前款第 1 项至第 5 项情形,不适用《反垄断法》第 13 条、第 14 条规定的,经营者还应当证明所达成的协议不会严重限制相关市场的竞争,并且能够使消费者分享由此产生的利益。

一、不适用第 13 条、第 14 条情形的含义

由于影响竞争的协议对经济生活具有双重影响,各国反垄断法往往会适用合理原则来判断该协议是否构成垄断协议。我国《反垄断法》第 15 条就对可能排除第 13 条、第 14 条适用的情况作出了规定,从而构成了"不适用情形"。有些影响竞争的协议虽然具有限制竞争的效果,但它也可能有效地避免市场的过度竞争,防止资源浪费,可以促进社会整体经济的发展。比如经营者为降低生产成

本、提高生产质量、增加经济效益而达成共同研究开发商品、开拓市场的协议,可能在产品和技术创新方面能够抵消对竞争的不利影响;又如经营者为了提高技术标准和促进生产经营而联合进行专业化生产,虽然属于横向协议,但是统一标准和专业化生产的行为可能是促进效率和提升竞争水平的有效方式。在这些情况下,经营者间达成的协议就具有合理性,不应被认定为垄断协议。

必须指出,判断是否构成垄断协议的标准并不是一成不变的,从各国反垄断法的发展来看,逐步缩小不适用禁止性规定的范围是一个趋势。比如,日本于1953年开始引入的不景气卡特尔和合理化卡特尔,在1999年被正式废止了。德国2005年修订的《反限制竞争法》中也删除了标准化卡特尔、合理化卡特尔、结构危机卡特尔等不适用情形,只保留了关于不适用情形的一般性规定以及中小企业卡特尔,大大减少了不适用情形的类型。

二、不适用第13条、第14条的主要情形

(一)为改进技术、研究开发新产品

为改进技术、研究开发新产品而达成的协议在国外常被视为是合理化卡特尔的组成部分,是实现经济合理化的一项重要措施。这类协议虽然可能在一定程度上限制竞争,但是也能够推动技术和产品的研究开发,提高生产效率和产品质量,有利于经济发展和消费者利益,因此为实现上述目的而达成的协议不会受到禁止。比如韩国《规制垄断与公平交易法》第19条第2款规定,有关研究和技术开发的共同行为基于产业合理化等原因在获得公平交易委员会的认可后,可以不适用该条第1款关于不正当共同行为的禁令。美国1984年通过的《国家合作研究法》也鼓励联合研发企业或标准制定组织向政府进行登记,并且据此排除经营者成立合作研究联盟或进行类似的技术开发或技术转让的反垄断责任。欧共体委员会发布了《关于联合研发协议的集体豁免条例》,对特定的研究开发垄断协议实施集体豁免。

另外,为改进技术、研究开发新产品而订立的协议通常可以减少重复研发,避免资源的浪费,而且还能够促进规模效益,使得单一经营者无法进行的研发项目得以实施;在合作研发使合作各方分享研发成果的情况下,还可以减少技术创新的溢出效应,有利于提高研发创新的积极性,实现专业化的效益。但是,如果参与改进技术或研究开发的经营者垄断了新技术和新产品,就可能会遏制未来进一步的研发和创造,并且阻碍新的经营者进入相关市场与其展开竞争。因此,对于此类协议,应进行具体分析才能够决定是否违法。考虑到我国当前的企业规模特别是高新技术企业的规模普遍偏小,技术研发和创新的能力普遍较低,对研究开发协议网开一面将有助于促进我国企业在一些核心技术方面取得突破,较快地提升技术创新能力和技术创新收益。但是,一项研究开发协议最终是否违法,还取决于协议的范围、参与者的数量及其他因素。

(二)为提高产品质量、降低成本、增进效率,统一产品规格、标准或者实行专业化分工

为提高产品质量、降低成本、增进效率,统一产品规格、标准而形成的协议可以简称为规格和标准协议,也是合理化卡特尔的一个方面。所谓统一产品的规格、标准,是指经营者对各种原材料、半成品或者成品在性能、规格、质量、等级等方面规定统一要求,使商品之间具有可替代性和兼容性。此类协议会将不符合标准的商品排除出市场,从而在一定程度上削弱了市场竞争,但是同类产品采用统一标准和型号可以提高这些产品间的可替代性和兼容性,还可能推动经营者改善产品品质,这从长远来说就有利于推动更高级的市场竞争。此外,对于消费者或者用户来说,不同生产商的产品采用统一的标准和型号也有利于提高市场的透明度,使他们通过对这些产品的相互比较,选择更适合自己的产品。因此,规格和标准协议可能

构成合法的协议。

为提高产品质量、降低成本、增进效率,实行专业化分工而形成的协议可简称为专业化协议。所谓实行专业化分工,是指经营者发挥各自专长,分工协作,使他们从生产多种商品的全能型企业转变为专门化企业,由此实现经济合理化。在专业化协议之下,经营者之间能够实现专业化生产和经营,从而有利于改进技术、节约成本和提高效率。在实践中,专业化协议的主要内容是在参与协议的经营者之间进行分工,比如规定某个经营者可以获得独占生产某类商品的权利,同时负有不再生产其他种类产品的义务。通过协议各方的专业化生产和优势互补,实现规模经济,提高各自的市场竞争力。但是,专业化协议通过指定生产的方式限制了经营者之间在产品种类和生产方式等方面的竞争,有时也带有严重的限制竞争效应。因此,需要考虑协议的存在是否会对竞争造成实质性损害以及是否对消费者构成损害。

(三)为提高中小经营者经营效率,增强中小经营者竞争力

为提高中小经营者经营效率,增强中小经营者竞争力而达成的协议被称为中小企业协议。实践中,中小企业协议约定的内容主要有共同购货、共同销售、共同生产、互相

提供专业人员以促进专业化生产经营、统一分发订单、共同记账、共同研究开发、共同进行市场分析、共同刊登广告、共同运输和仓储、共同置办维修设备，等等。中小企业能够创造大量的就业机会，为市场经济带来活力。但相对于大企业，中小企业规模较小、资金相对缺乏、生产技术和管理水平相对落后，常常处于弱势，在竞争中处于不利地位，因此，中小企业之间达成合作协议往往不会严重影响市场竞争，各国也通常对中小企业之间的合作网开一面，不予禁止。但是，中小企业协议仍然要满足一些条件才合法。一是协议能够提高中小经营者经营效率，表现为降低成本、扩大生产、增加品种和提高质量等方面。如果协议约定的内容属于核心卡特尔的内容，如固定价格、划分市场和瓜分客户等，那么即便是中小企业协议，一般也构成违法。二是协议能够增强中小经营者的竞争力，主要表现为可以改善中小企业与大企业竞争中的不利地位。在一个寡头垄断市场中，中小企业之间的联合往往能够对大企业形成有效制约，从而有利于增加市场竞争，提升消费者的福利。三是协议不能严重限制市场竞争，并且消费者能分享协议的利益。这需要综合考虑中小企业联合之后在相关市场的市场份额情况，以及它们之间合作的方式、程度和具体操作情况等。

（四）为实现节约能源、保护环境、救灾救助等社会公共利益

为实现节约能源、保护环境、救灾救助等社会公共利益而形成的协议可以简称为社会公共利益协议。反垄断法是一国竞争政策的重要组成部分，而一国竞争政策常常会与其他公共政策发生冲突。当两者发生冲突时，必然要以社会公共利益作为最终的判断标准。节约能源、保护环境、救灾救助等涉及社会公共利益的行为，有利于社会的持续发展，有利于维护人民群众的利益。而且，《反垄断法》的基本宗旨是维护社会整体利益，节约能源、保护环境和救灾救助等行为正是体现了社会利益的本质。特别是，国家当前正努力推动经济增长方式从粗放型向集约型进行转变，并鼓励建设资源节约型、环境友好型社会，而节约能源和保护环境的协同行为正是推动经济增长方式转变和建设资源节约型、环境友好型社会的一个有利方式。在近年来自然灾害频发的情况下，为救灾救助而订立的合作协议也能够在维护人民群众的生命财产方面发挥重要的作用。因此，实现节约能源、保护环境、救灾救助等社会公共利益而形成的合作协议不受《反垄断法》的禁止。值得注意的是，《反垄断法》在列举了节约能源、保护环境、救灾救助这三种情况后，还加了一个"等"字，意味着其他有利

于社会公共利益的事项,也可能被纳入到社会公共利益的范畴从而不受《反垄断法》追究。但是,由于社会公共利益本身是一个非常抽象的概念,在具体适用时仍然需要十分谨慎。根据我国《反垄断法》的规定,即便是社会公共利益协议,经营者也必须证明所达成的协议不会严重限制相关市场的竞争,并且能够使消费者分享由此产生的利益,否则仍将被禁止。

(五)因经济不景气,为缓解销售量严重下降或者生产明显过剩

因经济不景气,为缓解销售量严重下降或者生产明显过剩而达成的协议可简称为不景气协议。不景气协议相当于经济领域的紧急避险行为,是一种非常时期的自救手段和过渡性措施。从经济不景气协议产生的原因来看,其既包括周期性的不景气协议,也包括结构性的不景气协议。前者是源于经济的周期性变化,即由于经济从繁荣到衰退的反复引起销售量严重下降或者生产明显过剩;后者是由于经济的结构性变化,即某一特定产业部门由于缺乏比较优势而处于危机状态。在面临周期性不景气时,几乎是全社会全行业都受到影响;而结构性不景气只是源于特定行业的生产过剩和需求不足,不景气的程度相对来说要弱于前者。但是不论是何种原因导致的不景气,都会使得

大量企业被淘汰出市场,造成大量的资源浪费和社会问题
(比如失业问题)。在这种特定情况下,对经营者达成的限
制产量或者销量等合作协议予以放行,会避免对社会资源
和生产造成巨大损害,有利于经济的恢复。这是考虑到,
当所有经营者有能力正常运作时就不需要达成合作协议,
因为市场将回报它们较高的产品价格。当市场无法自主
调节时,《反垄断法》允许人为地干预,包括允许一些卡特
尔行为,从而推动经济的尽快恢复。

　　但是,允许衰退部门(常常集中于某一地理区域)的经
营者签订不景气协议,也许会造成中长期的负面影响,而
且实际上就是允许低效率厂商留在市场,而伤害了无论如
何都能够生存下来的高效率厂商。因此在考虑不景气协
议是否违法时,仍须满足一定的条件。首先,不景气协议
通常只在经济不景气时期存在,由于市场需求或季节变化
而引起的产品滞销或生产过剩不能被视为经济不景气情
形。其次,经济不景气已经达到了严重的程度,使得以协
议为表现形式的限制竞争成为必不可少的条件。比如,商
品的价格已经普遍低于生产的平均成本,如果不采取措施
将面临大批的停产甚至破产。第三,协议企业必须是有效
率的企业,即在一般的市场竞争条件下它也不会被淘汰,
但是经济不景气的侵袭导致其可能随其他非效率企业一

道被排除出市场。第四,须满足《反垄断法》第15条所规定的其他条件,即"经营者还应当证明所达成的协议不会严重限制相关市场的竞争,并且能够使消费者分享由此产生的利益"。

(六)为保障对外贸易和对外经济合作中的正当利益

为保障对外贸易和对外经济合作中的正当利益而达成的协议可简称为对外贸易和合作协议。对外贸易和对外经济合作主要是指商品的进出口贸易和劳务输出等活动。在进出口贸易中,本国进口商或者出口商之间往往为了保障其在对外贸易和经济合作中的正当利益达成相关协议。为此,很多国家的立法都认可其合法性。例如,美国《韦伯—波默斯法》规定,仅仅为了出口和实际上从事出口的企业(联合体),或由出口企业签订的协议、从事的活动,如不限制国内贸易,也不限制其国内竞争者的出口,将免受谢尔曼法的制约。日本《进出口贸易法》也规定,出口企业或者进口企业在向主管大臣呈报并获得认可后可以订立出口贸易协议、进口贸易协议,也可以成立贸易联合,得到认可的协议不适用反垄断法的相关规定。

考虑到我国劳动力等方面的原因,中国出口产品的价格往往大幅低于国际市场价格,存在无序竞争的情况,而对外出口又常常遭遇其他国家的反倾销诉讼。因此,《反垄断法》允许在对外经济交易和对外合作时为维护正当利益而订立相关协议,符合国际惯例和通行做法。但是,在国际贸易全球化、世贸组织规则和各国竞争法日益健全的今天,对外贸易和合作协议一律认定合法已经不符合反垄断法的发展趋势,协议的合法性应以保障对外贸易和对外经济合作中的正当利益为条件。

（七）法律和国务院规定的其他情形

《反垄断法》在列举了以上几类可能不适用禁止性规定的情形之后,还就其他不适用的情形做出了兜底规定,即"法律和国务院规定的其他情形"。这一表述包含两层含义:一是除了以上列举的不适用情形外,如果其他法律对某种协议的合法性予以明确规定,则不应当由《反垄断法》予以禁止;二是《反垄断法》还授权国务院可以在本法规定的不适用禁止性规定的情形之外,规定其他不适用的情形。这是考虑到我国《反垄断法》才刚刚实施,不可能预见到所有的情况,必要时需要根据经济发展情况做出适时调整。

三、不适用第 13 条、第 14 条的情形的证明

一项协议要满足《反垄断法》的合法性审查,必须满足一定的条件。只有那些符合条件的协议才不会被《反垄断法》追责。例如,《欧盟运作条约》第 101 条第 3 款对协议的豁免列出了四方面的条件:(1)有助于改进商品的生产或者流通,或者促进技术或者经济进步;(2)使消费者公平分享由此产生的利益;(3)有关企业所受到的限制对于达到上述目标是必不可少的;(4)对于所涉及产品的重要部分,不致使经营者有可能在相关市场中实质性地排除竞争。德国《反限制竞争法》第7条第1款也规定,一个卡特尔如果有利于改善商品或服务的开发、生产、分配、采购、回收或者处理等条件,并可以适当的方式使消费者分享由此产生的利益,就不适用该法第1条的禁止性规定;但是需要满足下列前提条件:参与卡特尔的企业不能通过其他方式达成这种改善效果、此种改善效果同与之相关联的限制竞争之间保持适当关系,且这个限制竞争没有大到产生或加强市场支配地位的程度。

我国《反垄断法》第15条第2款也规定了不适用情形的证明条件:"属于前款第1项至第5项情形的,不适用本法第13条、第14条规定的,经营者还应当证明所达成的协议不会严重限制相关市场的竞争,并且能够使消费者分享由此产生的利益。"这表明,除了为保障对外贸易和对外经济合作中的正当利益而达成的协议以及法律和国务院规定的其他不适用的情形外,其他协议要证明其合法性,均须满足两个条件:一是所达成的协议不会严重限制相关市

场的竞争;二是所达成的协议能够使消费者分享由此产生
的利益。

第一,证明协议不会严重限制相关市场的竞争。不会
严重限制相关市场的竞争是指虽然存在限制竞争的可能
性,但是这种可能性还不至于达到排除竞争的程度。如果
经营者能够证明在该协议之下仍然存在有效竞争,或者存
在巨大的潜在竞争的压力,那么该协议就可能不违法。在
认定一个协议是否会造成严重限制竞争的后果时,经营者
可以通过证明协议各方在相关市场上的市场份额,或者相
关市场上仍然存在大量的市场竞争者或潜在的市场进入
者,来证明所达成的协议并不会产生严重的限制竞争
结果。

第二,证明消费者能够分享协议产生的利益。这意味
着协议在产生消极效果的同时,必须通过其他途径弥补消
费者由此造成的损失。消费者通过该协议能够得到的利
益不仅表现为企业通过限制竞争可以降低的价格、改善的
质量、增加的产品种类等,还可以表现为新产品的开发和
新技术的研发,以及推动实现更优的生活环境和能源利用
等。但是,这种利益必须能够为所有该种产品的消费者所
分享,而不能只由特定的消费者分享特定的利益。另外,
消费者能分享利益并不是要求消费者已经从限制竞争中

得到了好处,而是这个限制竞争的需要在消极影响市场竞争(同时也会影响消费者利益)的同时,还有使消费者得到好处的可能性。

根据《反垄断法》第 15 条第 2 款的规定,对于保障对外贸易和对外经济合作中的正当利益而达成的协议,以及法律和国务院规定的其他不适用禁止性规定的情形,经营者就不需要额外承担上述两个证明责任。这是因为,对外贸易和合作协议是以保障对外贸易和对外经济合作中的正当利益为目的,其对市场竞争的影响主要发生在国外。但应注意的是,由于反垄断法的域外效力,如果我国的经营者在出口贸易中达成固定价格等协议,进口国可能会以该行为对其本国市场竞争造成影响而对我国的经营者提起诉讼,这应当引起我国经营者的高度重视。

第三章 滥用市场支配地位

第一节 概 述

滥用市场支配地位是指经营者利用其所具有的市场支配地位,从事为法律所禁止的排除、限制竞争的行为。禁止滥用市场支配地位的行为是反垄断法的又一项重要内容。

一、滥用市场支配地位的概念

市场支配地位主要是欧盟及其成员国德国等国家和地区竞争法中的概念,其他国家竞争法律中还有垄断状态、独占、垄断力以及占有经济优势、市场势力等不同的称谓。尽管具体的称谓不同,但是其所描述的经济状态大致相同。我国《反垄断法》采用了"市场支配地位"的概念,并在第 17 条中明确规定,所谓市场支配地位就是指经营者在相关市场内具有能够控制商品价格、数量或者其他交易条件,或者能够阻碍、影响其他经营者进入相关市场能力的市场地位。

市场支配地位的产生是市场经济条件下自由竞争的必然结果，法律并不禁止那些根据法律的授权，经营者的成功经营或通过经营者间的并购产生的市场支配地位。这就是说，拥有市场支配地位本身并不违法。一个经营者通过先进的技术、优秀的经营策略，通过合法手段参与市场竞争，淘汰落后经营者，最后取得市场支配地位，这一过程并不损害经济自由与经济公平，是良好竞争机制作用下优胜劣汰的结果。同时，市场经济体制下，经营者有自由交易的权利，契约自由是市场经济的基本原则。一个通过合法方式取得了市场支配地位的经营者，原则上可以以利益最大化的方式参与经济交往。

但是，由于具有市场支配力的经营者对相关市场具有充分的市场力量，因此他们不必考虑竞争者或者交易相对人的反应就可以自由定价或者自由地作出其他经济决策。而对经济利益的追求是任何经营者存在和发展的动因。在这种情况下，这些具有市场支配力的经营者就可能通过采取过高或者过低的定价策略、掠夺性定价策略、拒绝交易、限定交易、搭售或价格歧视等竞争行为，以实现自身经济效益的最大化。如果所从事的行为产生或可能产生排除、限制竞争的效果，就会损害消费者福利和社会公共利益,就构成了滥用市场支配地位,应受到反垄断法的制裁。例如,一个占据市场支配地位的经营者拒绝与下游生产商进行交易,在市场上缺乏合理可替代的资源时,就会导致该下游经营者无法进行正常的生产活动;再如,违背交易相对人意愿的搭售行为,违背了交易相对人的真实意愿,使得其为得到自己想要的商品需要支付额外的高价。目前,各国反垄断法一般不禁止经营者本身具有市场支配地位,但严格禁止具有市场支配地位的经营者滥用其市场支配地位实施排除、限制竞争的行为。

二、禁止滥用市场支配地位的必要性

禁止滥用市场支配地位排除、限制竞争的行为是世界经济发达国家的普遍做法。例如,美国《谢尔曼法》第2条规定,任何人从事垄断或企图垄断,或与他人联合、共谋垄断州际间或与外国间的商业和贸易,是严重犯罪。如果参与人是公司,将处以不超过1亿美元以下罚款;如果参与人是个人,将处以不超过100万美元以下的罚款,或10年以下监禁;法院也可酌情并用两种处罚。《欧盟运作条约》第102条也规定,在共同市场内部或者在共同市场的某一重要部分占据支配地位的一家或者多家经营者的滥用行为,若可能影响到成员国之间的贸易,则应当因其与共同市场不相容而予以禁止。除此之外,《欧盟运作条约》还对具体的滥用市场支配地位的行为进行了列举,包括:直接或者间接地施加不公平的采购价格、销售价格或者其他不公平的贸易条件;限制生产、市场或者技术开发,以致损害消费者的权益;在同等交易中,对于其他交易方适用不同的条件,因此使这些交易方在竞争中处于不利的地位;以对方当事人接受附加义务为条件订立合同,而这些附加义务在本质上或者依据商业惯例与此类合同的标的不存在关联。

在社会主义市场经济中,滥用市场支配地位的行为同样存在。经营者滥用市场支配地位实施垄断性价格、掠夺性定价、拒绝交易、限定交易、搭售或价格歧视等行为严重危害了我国的市场竞争,损害了消费者和其他经营者的合法权益,妨碍了全国统一、竞争有序市场体系的建立,对我国社会主义市场经济秩序的健康运行造成了严重的影响。在《反垄断法》颁布之前,对这些排除、限制竞争的行为的规制只能主要依据《反不正当竞争法》、《价格法》等法律。随着《反垄断法》的颁布和实施,反垄断执法机构为具体实施《反垄断法》,也根据自己的职权范围制定和发布了实施细则和相关的程序性规定,为滥用市场支配地位的规制提供了更加明确、更具操作性的指引,从而使得对滥用市场支配地位排除、限制竞争的行为的规制变得系统化。

三、判定滥用市场支配地位的原则和分析步骤

我国《反垄断法》借鉴了国际通行的做法,在判定是否构成滥用市场支配地位时适用的是合理分析的原则。合理分析原则在此处的含义是,并不当然将具有市场支配地位的经营者所实施的竞争行为视为违法,其违法性应依据具体情况而定。如果它们虽然影响了竞争,但同时却能在更大程度上或更大范围内有利于市场竞争,或者能显著改善经营者的经济效益,从而更好地满足消费者的需求时,则可能被视为并未滥用其市场支配地位,并不违法。

可见,《反垄断法》以合理分析原则来判定经营者是否滥用市场支配地位,既不妨碍和限制大公司、大企业的存在和发展,符合我国鼓励企业发展规模经济的政策,又能够有效制止经营者滥用其市场支配地位从事排除、限制竞争的行为,有利于创造和维护公平竞争的社会主义市场环境,维护消费者福利。

判定是否构成滥用市场支配地位首先从相关市场的界定开始,通过市场份额等因素认定市场支配地位的存在,进而判断是否存在滥用的行为,分析该行为的具体反竞争效果和推动竞争的因素,最终作出行为是否违法的判定。大体来讲,是一个分两步走的过程:第一步是要确定

某个相关市场中的一个或几个经营者是否具有市场支配地位;第二步再进一步分析和判断已经被确定的具有市场支配地位的经营者是否滥用了其市场支配地位。此外,根据我国《反垄断法》的规定,对经营者滥用市场支配地位的行为进行违法认定和施以救济措施还应当以该行为产生较严重的排除、限制竞争的损害后果为要件。下面逐一进行说明。

(一)对经营者市场支配地位的判断

经营者是否具有市场支配地位是认定其是否滥用市场支配地位的前提和要件。如果经营者不具有市场支配地位,那么其所实施的排斥竞争的行为将难以成功,或者不会对市场竞争产生实质性影响。因为在这种情况下,其他竞争者可以通过快速地进入相关市场,交易相对人可以通过选择其他的交易对象或不合作等方式使经营者排除、限制竞争的行为无利可图甚至亏本。这个时候,有效竞争的市场机制会迫使排除、限制竞争行为的实施者不得不纠正自己的行为。但是,如果市场上存在一个占据支配地位的经营者或者几个经营者的联合,其所实施的排除、限制竞争行为就可能会迫使竞争者和交易相对人屈服,从而达到其赚取垄断利润的目的。

经营者具有市场支配地位是一个相对的概念,取决于相关市场的界定,因为市场支配地位,只能是相对于特定的产品、特定的地域和特定的时间而言的。相关市场是竞争法上的一个基础概念,根据我国《反垄断法》第12条第2款的规定,所谓相关市场,是指经营者在一定时期内就特定的商品或者服务进行竞争的商品范围和地域范围。相关市场界定的大小,直接决定着对经营者是否具有市场支配地位的判断。以市场份额为例,如果相关市场界定得过大,那么某一经营者在该市场中的份额就会相对较小,从而达不到具有市场支配地位所要求的市场份额标准;相反,如果相关市场界定得过小,那么该经营者在该市场中所占的比重就会相对较大从而较容易被初步判断为可能具有市场支配地位。

界定相关市场后,接下来需要根据经营者在相关市场中的市场份额、财力、技术条件等因素来综合判断该经营者是否具有支配地位。《反垄断法》第17条规定,市场支配地位是指经营者在相关市场内具有能够控制商品价格、数量或者其他交易条件,或者能够阻碍、影响其他经营者进入相关市场能力的市场地位。其中,这里的"其他交易条件"包括除了商品价格、数量之外能够对市场交易产生实质性影响的其他因素,包括商品等级、付款条件、交付方式和售后服务等。而所谓的"能够阻碍、影响其他经营者进入相关市场能力"，是指排除、延缓其他经营者在合理时间内进入相关市场，或者其他经营者虽能够进入该相关市场但进入成本大幅度提高，无法与现有经营者展开有效竞争等情况。

可见，是否具有市场支配地位与经营者实施排除、限制竞争行为间具有明显的关联性，如果不具备市场支配地位，那么其行为在竞争机制有效运行的市场环境里既很难实现其所希望达到的经济效果，也很难产生排除、限制竞争的后果。

（二）对经营者是否滥用其市场支配地位的判断

如前所述，反垄断法并不反对经营者拥有市场支配地位，而是反对拥有市场支配地位的经营者滥用支配地位从事排除、限制竞争的行为。

市场上的行为形形色色、千变万化，因此，滥用市场支配地位的行为，也无法一一列举。各国的反垄断法对滥用市场支配地位要么采取概括立法的方式，要么采取列举加概括的方式。即使采用后者，也只能够列举出那些比较典型的滥用市场支配地位的行为，而不能涵盖所有。以《欧盟运作条约》为例，虽然第102条对滥用行为进行了列举，但是也仅限于市场上出现的典型滥用行为。

我国《反垄断法》第17条第1款采用列举的方式对六

种典型的滥用市场支配地位的行为予以规定,包括:以不公平的高价销售商品或者以不公平的低价购买商品;没有正当理由,以低于成本的价格销售商品;没有正当理由,拒绝与交易相对人进行交易;没有正当理由,限定交易相对人只能与其进行交易或者只能与其指定的经营者进行交易;没有正当理由搭售商品,或者在交易时附加其他不合理的交易条件;没有正当理由,对条件相同的交易相对人在交易价格等交易条件上实行差别待遇。此外,该条第1款第7项还规定了兜底性条款:滥用市场支配地位的行为还包括"国务院反垄断执法机构认定的其他滥用市场支配地位的行为"。实践中,对滥用市场支配行为的认定,应当首先判断该行为是否属于《反垄断法》第17条所明确列举的六种行为之一,如果不符合这六种行为中任何一种的构成要件,而事实上该行为又产生了严重的排除、限制竞争的后果,则应当由反垄断主管机关通过运用裁量权考虑是否对兜底性条款进行解释而认定其属于滥用市场支配地位的行为。

如前所述,我国反垄断法采取合理分析的原则判定是否构成滥用市场支配地位。在进行合理分析时,执法机构不仅需要对行为的表现形态进行判断,还要就行为对市场竞争的影响进行评价,既要分析其对市场竞争的危害,又不能忽略其促进竞争的可能性。因此,这个过程需要经济学家和法学家的共同参与,通过建立经济模型进行分析和对大量数据进行计算,最终得出对市场竞争影响的评价结果。如果行为所产生的排除、限制竞争的效果超过了其所产生的促进竞争的效果,那么执法机构将认定该行为具有反竞争性,从而判定具有市场支配地位的经营者从事了滥用其支配地位的行为;反之,如果行为促进竞争的效果超过了其限制竞争的影响,那么执法机构一般不会认为该行为具有严重的反竞争性,并不违法。

第二节 市场支配地位的认定和推定

一、判断市场支配地位的考虑因素

我国《反垄断法》在总结各国反垄断立法和执法经验的基础上,在第 18 条中规定了认定经营者具有市场支配地位应当考虑的主要因素,包括:该经营者在相关市场的份额以及相关市场的竞争状况,该经营者控制销售市场或者原材料采购市场的能力,经营者的财力和技术条件,其他经营者对该经营者在交易上的依赖程度,其他经营者进入相关市场的难易程度以及认定该经营者市场支配地位有关的其他因素。下面逐一进行分析。

（一）经营者在相关市场的市场份额以及相关市场的竞争状况

1.经营者的市场份额

市场份额是指一定时期内经营者的特定商品销售额、销售数量等指标在相关市场所占的比重,又称市场占有率。市场份额是反映经营者在相关市场中所处地位的最明显的指标,经营者能够对相关市场具有一定的影响力,其前提就是有较大的经济规模,相对于其他的竞争者而言在相关市场中占有较大的市场份额。正如欧洲法院在一项判决中所指出的"尽管市场份额的意义随着市场的不同而有差别,但是,我们应当承认,除了特殊情况,特别高的市场份额毫无疑问就是市场支配地位的一个证据"。德国学者也指出,"一个市场份额达到了50%的企业,仅当根据其他因素可以明确得出结论说市场上仍然存在充分强烈的竞争的时候,方可不被视为占市场支配地位的企业。另一方面,一个市场份额占25%的企业,仅当其他因素表明该企业的竞争者及其交易对手仅占有一个相对弱的市场地位的时候,方可被视为占有市场支配地位"。

值得注意的是,市场份额的标准是相对的,没有一个绝对的标准,取决于相关市场的结构和竞争对手的市场份额。市场份额较大的经营者,如果其竞争对手与其占有率相差不大,该经营者也难以形成支配地位;反之,如该经营者与其竞争对手的市场占有率悬殊,就容易处于市场支配地位。因此,有的时候40%的市场份额就能够具有支配地位,而在其他的情况下45%的市场份额也可能并不具有市场支配地位。欧洲法院在司法实践中曾提出了一个关于经营者市场占有率的参考数据范围:一个市场占有率在40%及45%以上的经营者,较易被认为具有市场支配地位;市场占有率在20%到40%之间的,在综合参考相关因素之后仍有被认为具有市场支配地位的可能性。

我国《反垄断法》在市场支配地位的判断方面对市场份额给予了足够的重视,将其列为首要考虑的因素。这是因为市场份额的标准简单直观,与市场支配地位联系紧密,易于反垄断执法机构掌握和判断。

2. 相关市场的竞争状况

相关市场的竞争状况是指在相关市场中有无竞争,竞争是否充分。包括相关市场的发展状况、现有竞争者的数量、是否存在潜在的竞争者和进入障碍、相关市场其他竞争者的市场份额、商品差异程度和市场信息的透明度等等。经营者所在的相关市场的竞争状况在一定程度上决定了该经营者控制和影响相关市场的能力和有效性。例如,如果相关市场上存在众多的竞争者,并且竞争者之间的竞争充分,那么即使占有较大市场份额的经营者对该市场中的商品价格、数量也难以进行有效的控制,也就很难实施滥用行为;反之,如果一个相关市场上的竞争者较少,或者虽然有较多的竞争者,但并不存在实质性的竞争,该相关市场就不是一个有效竞争的市场,具有市场支配地位的经营者实施滥用行为的可能性就较大。再如,如果某一竞争者虽然具有较大的市场份额,但是市场上还存在其他实力也较强的竞争对手,那么这些竞争对手就会对该经营者的行为形成掣肘,使得该经营者不能肆意妄为。因此,通过对相关市场竞争状况的分析,有助于判断该相关市场上经营者是否真正具有市场支配地位。

相关市场内的竞争状况还包括潜在竞争状况。潜在竞争是指当一个市场的竞争关系和市场结构发生变化时,处于该相关市场外的经营者有能力通过某种方式,如足够的资金、技术设备改造或者转产等,进入该市场参与竞争。潜在竞争是维护市场有效竞争的一个非常重要的因素,即使一个经营者独占某个相关市场,拥有百分之百的市场份额,如果这个市场存在潜在竞争,独占的经营者仍然面临着竞争压力,从而不能随心所欲地提高商品的价格,或者减少对市场的供应。例如,其一旦提高产品价格,潜在竞争者就会认为这种产品有利可图,从而迅速进入该市场。

（二）经营者控制销售市场或者原材料采购市场的能力

经营者控制销售市场或者原材料采购市场的能力是指该经营者控制销售市场和原材料采购市场的价格、数量或者其他交易条件的能力。具体来讲，控制销售市场或者原材料采购市场的能力包括控制销售或采购渠道的能力，影响或者决定价格、数量、合同期限或者其他交易条件的能力以及优先获得生产经营所必需的原料、半成品、零部件及相关设备等等原材料的能力等。

在一个相关市场上，经营者控制销售市场和采购市场的能力取决于该经营者在相关市场上的地位和影响。对于一个特定的市场而言，产品的销售资源和原材料采购资源在一定条件下都是有限的，如果经营者能够有效控制销售市场和原材料采购市场，即证明其在该相关市场上具有较强的影响力和支配力，该经营者作为买方或者卖方就可以凭借自己的这种支配力压低或者抬高价格。一般来说，相关市场的经营者都努力与上游的原材料提供者或者下游购买其产品的经营者之间建立紧密的联系，甚至与其上下游经营者订立排他性的合同以占有更多的市场资源，获取竞争优势。因此，经营者控制销售市场和原材料采购市场的能力，在一定程度上能够反映出该经营者在相关市场上的市场地位。

（三）经营者的财力和技术条件

经营者的财力和技术条件,包括经营者的资产规模、财务能力、盈利能力、融资能力、研发能力、技术装备、技术创新和应用能力、拥有的知识产权等因素。雄厚的财力是经营者经济实力最直观的体现。通常情况下,经营者的财力越大,其在相关市场的竞争力就越大,具有市场支配地位的可能性也就越大。此外,在相关市场上,技术条件能够给经营者带来巨大的竞争优势,特别是在知识经济和技术经济的时代,经营者之间的竞争在很大程度上是技术的竞争。如果经营者率先掌握了某一领域的先进技术,即使该经营者并未占有较大的市场份额,也可能在相关市场具有支配地位。因此,在判断经营者是否具有市场支配地位时,考察该经营者的财力和技术条件,在一定程度上可以证明其在市场上是否具有竞争能力和竞争优势。但是,对于经营者的财力和技术条件的分析,应当同时考虑其关联企业的财力和技术条件。

（四）其他经营者对该经营者在交易上的依赖程度

其他经营者对该经营者在交易上的依赖程度是指其他经营者对该经营者在生产、销售方面的依赖性,比如其他经营者是否只依赖其提供货物或只向该经营者独家供货。这里的依赖性并不一定意味着经营者在市场份额方面处于显著的优势地位,而是指在与交易相对方进行交易时表现出的优势地位。依赖性根据不同的情况可以分为很多种,既有对产品的依赖性,如专卖店对某一品牌产品的供货依赖性;也有对特定经营者或特定销售渠道的依赖性,如家电行业的生产商对家电商场的依赖性等等。影响依赖性的因素包括:与该经营者之间的交易量、交易关系持续的时间、交易相对人转向其他经营者的难易程度等。一般来说,一个经营者与其供应商或销售商之间的联系越紧密,该经营者在相关市场中的竞争优势就越明显。如果一个经营者与其上下游的经营者订立了排他性的合同,且这个经营者占有的市场份额越大,这个市场的封闭程度就越大。

虽然依赖性是认定经营者市场支配地位不可忽略的重要因素,特别是当经营者市场份额不高时,考虑依赖性就更加必要。德国的《反限制竞争法》第20条第2款对供求的依赖性就专门进行了法律规定:"中小企业作为某种产品或者服务的供应者或者需求者依赖于某企业或者企业联合致其没有足够的、可合理期待的可能性转向其他企业的,禁止歧视和不公平阻碍规定也适用于该企业或者企业联合。"可见,是否具有合理的替代交易是决定是否具有依赖性的重要因素。

（五）其他经营者进入相关市场的难易程度

其他经营者进入相关市场的难易程度,即一个相关市场的开放程度和潜在竞争状况,是指该经营者对相关市场的控制状况,比如其他经营者是否难以进入相关市场从事经营活动。认定其他经营者进入相关市场的难易程度,应当考虑市场准入机制、拥有必需的基础设施的情况、资金和技术的要求以及成本等因素。

是否存在进入障碍是认定市场支配地位的一个重要因素。如果某个市场是一个开放的市场,其他竞争者能够很容易进入该市场进行生产经营,参与竞争,那么即使其中的经营者拥有巨大的市场份额也无法随心所欲地提高产品价格或者减少对市场的供应。因为它如果提高价格,潜在的竞争者就会在利润的诱惑下很快进入该市场参与竞争。根据价值规律,随着供应的增加,市场价格就会逐渐下降,使经营者的涨价行为变得无利可图。反之,如果其他的经营者很难进入该相关市场,则该经营者支配、控制市场,排除、限制竞争的能力就会增加。因此,市场准入的难易程度对评价某一相关市场中特定经营者的市场地位具有重要意义。

（六）其他因素

前述五种因素是判断经营者是否具有市场支配地位

时应当依据的因素,但并非局限于此。在实践中,认定经营者具有市场支配地位是一项复杂的工作,需要收集和掌握大量的材料并对上述因素进行综合考虑。例如,在德国《反限制竞争法》第19条第2项规定的市场支配地位标准中,还提到"没有竞争者或者没有实质竞争","相对于其他竞争者具有突出的市场地位",还专门指出:"在此,特别要考虑企业的市场份额、财力、进入采购或者销售市场的渠道、与其他企业的联合、其他企业进入相关市场所面临的法律上或者事实上的限制、住所设在本法适用范围之内或之外的企业事实上或潜在的竞争、将其供应或者需求转向其他商品或者服务的能力以及市场相对人转向其他企业的可能性。"由此可见,市场支配地位的认定,是一个综合各种因素判断的过程。我国《反垄断法》第18条在列举了5项考虑的因素之后,还设置了一个兜底性的条款,指出认定经营者的市场支配地位还需要参照与市场支配地位有关的其他因素。

二、市场支配地位的推定

(一)推定市场支配地位的意义

在判断经营者是否具有市场支配地位诸多应当考虑的因素中,以市场份额因素最为直观和重要,因为只有当一个经营者或者几个经营者联合在某一相关市场中占有的市场份额足够大时,它才会有足够的市场力量实施排除、限制竞争的行为,操纵和控制市场。因此,实践中,为了节约执法成本和对经营者实行有效监督,不少国家的竞争法律,如德国、韩国等,都规定反垄断执法机构可以仅依据法律设定的市场份额标准,推定经营者具有市场支配地位,即所谓市场支配地位的推定制度。换言之,经营者或者经营者联合占有较大的市场份额达到法律规定标准这一事实本身,就表明其具有市场支配地位,除非有相反的证据能推翻这一结论。我国《反垄断法》第19条也采用了对经营者市场支配地位的推定制度。

经营者市场支配地位推定制度的意义主要体现在两个方面:第一,可以提高执法效率,节约执法成本。相对于综合考虑多种因素判断经营者是否具有市场支配地位的做法,通过法律规定的市场份额标准直接推定经营者具有市场支配地位是一种更为便捷的方式。这不仅提高了反垄断法的执法效率,同时也节约了执法资源,降低了执法成本。第二,这种量化了的市场支配地位推定制度有利于经营者的预期和加强自律。根据多种因素综合判断经营者是否具有市场支配地位的做法虽然比较科学合理,但是这种认定具有较强的主观性,没有给经营者一个认识市场支配地位的明确标准,仍然需要执法机构进行解释和认定。一般来说,经营者对于自己在相关市场上的市场份额是比较清楚的,推定制度能够使经营者自主判断自己是否可能具有市场支配地位,从而调整自己的行为,加强自律。

(二)市场支配地位推定的标准

市场支配地位的推定是根据经营者的市场份额来进行的。根据经济合作与发展组织(OECD)的界定,市场份额是"根据企业总产量、销售量或者能力的比例,对该企业在一个行业或者市场中的相对经济规模的测定方式"。"除利润以外,企业经常追求的经营目标就是增加市场份额。在市场经济中,市场份额、利润和规模经济常常是密切相关的。高的市场份额可能给予企业市场力量。"

究竟多大的市场份额才能推定为具有市场支配地位则应当根据各个国家的市场状况来确定,因此各国的标准也不一致。日本《禁止私人垄断及确保公正交易法》规定,在一年内,一个事业者的市场占有率超过1/2,或者两个事业者共同的市场占有率超过3/4且销售额在100亿日元以上的,认为该事业者处于垄断状态。英国竞争法规定25%以上的市场占有率可能构成市场支配地位。欧共体竞争法没有规定多大的市场份额能够构成市场支配地位,但是欧盟的竞争执法实践认为,经营者的市场份额不足40%的,不大可能构成市场支配地位。当然也不排除在特殊的案件中低于这一标准也会构成支配地位的情况。美国反托拉斯法的实践也充分说明了市场份额对认定市场支配地位的重要性。但究竟占有多少市场份额才算拥有市场支配地位,美国在制定法上没有明确的规定,一般是根据具体案件的情况来决定。根据美国的有关判例,占75%的市场支配地位或更多这个事实一般可以无争议地认为具有市场支配地位。

《反垄断法》第19条是在参考国外立法经验的基础上,结合自身国情设定的市场支配地位推定标准。根据该条,市场支配地位的推定有三个标准,即(1)一个经营者在相关市场的市场份额达到1/2;(2)两个经营者在相关市场的市场份额达到2/3;(3)三个经营者在相关市场的市场份额达到3/4。在第(2)、(3)规定的情形下,应当推定这两个或者三个经营者分别具有市场支配地位。同时,为了避免反垄断执法机构将数个经营者一概作为一个整体进行市场支配地位的推定,法律接下来引入了"微量不计规则",即如果在整体上达到支配地位推定门槛的两个或者三个经营者中,有的经营者的市场份额不足1/10的,不应该推定该经营者具有市场支配地位,而仅应该推定其他的经营者具有市场支配地位。

上述推定标准充分考虑了我国的经济发展水平,是比较适当的。更重要的是《反垄断法》借鉴了欧共体竞争法上"联合具有市场支配地位"的概念,即两个以上的经营者作为一个整体共同支配市场的情形。这样立法的好处是增强了可操作性,可以使当事人和执法者从总体上把握和界定市场支配地位,同时又为反垄断执法机构保留了一定程度的自由裁量权。

如前所述,市场份额是判断经营者是否具有市场支配地位的一个重要标准,但不是绝对的标准,占有较大的市场份额并不一定意味着具有市场支配地位。而市场支配地位的推定,仅仅是根据市场份额这一单一标准作出的,其分析过程省略了其他的分析要素,因此在某些情况下可能会将本来不具有市场支配地位的经营者推定为具有市场支配地位。因此,《反垄断法》第19条第3款明确了经营者提出反证的权利,规定如果被推定具有市场支配地位的经营者,有证据证明不具有市场支配地位的,则不应当认定其具有市场支配地位。被推定的经营者可以根据本法第18条规定的5项因素及其他因素,提出他们之间存在实质性的竞争,或者他们与另外的竞争对手相比,不具有竞争优势等证据来反证其不具有市场支配地位。如果其提供的证据足以推翻前述推定,反垄断执法机构不应当认定其具有市场支配地位。

第三节　典型的滥用市场支配地位行为

根据经济合作与发展组织的解释,"滥用市场支配地位"是指"支配企业为维持或者增强其市场地位而实施的反竞争的商业行为"。在各种各样的商业行为中,哪些被认为属于滥用市场支配地位的行为,因个案及国家的不同而不同。在不同的法域中,相同或相似的商业行为可能被不同对待。各国反垄断法通常采取列举典型的滥用市场支配地位行为的方式来对这一概念进行诠释。

我国《反垄断法》借鉴国际通行做法,结合我国社会经济生活中的现实问题对实践中比较常见的滥用市场支配地位的行为进行了列举。《反垄断法》第 17 条第 1 款规定,禁止具有市场支配地位的经营者从事下列滥用市场支配地位的行为:(1)以不公平的高价销售商品或者以不公平的低价购买商品;(2)没有正当理由,以低于成本的价格销售商品;(3)没有正当理由,拒绝与交易相对人进行交易;(4)没有正当理由,限定交易相对人只能与其进行交易或者只能与其指定的经营者进行交易;(5)没有正当理由搭售商品,或者在交易时附加其他不合理的交易条件;(6)没有正当理由,对条件相同的交易相对人在交易价格等交易条件上实行差别待遇；（7）国务院反垄断执法机构认定的其他滥用市场支配地位的行为。下面逐一进行分析。

一、以不公平的高价销售商品或者以不公平的低价购买商品

以不公平的高价销售商品或者以不公平的低价购买商品，是指具有市场支配地位的经营者违背公平交易的原则，凭借其强大的市场力量，在交易活动中以不公平的高价销售商品或者以不公平的低价购买商品，损害交易相对方的利益。

之所以将"以不公平的高价销售商品或者以不公平的低价购买商品"作为经营者滥用市场支配地位的一种形式，主要原因在于，具有市场支配地位的经营者凭借其市场优势，很可能减少向市场的供应，从而造成商品供应短缺，抬高商品售价。因为这种价格只是在具有市场支配地位的情况下才能产生，它实际上就是一种垄断性价格。反之，买方凭借市场支配地位所压低的商品购买价格亦然。无论哪种情况，价格都不是市场竞争环境下的真实反映，因而可能会产生排除、限制竞争的后果。

判断具有市场支配地位的经营者是否"以不公平的高价销售商品或者以不公平的低价购买商品"的难点在于如何确定一个正常的和有效竞争市场条件下应有的价格水

平。在这个方面,欧共体法和德国法都采用比较市场的方法,即从产品市场、地域市场或时间市场的角度出发,找出一个可以进行价格类比的市场,以进行综合分析。其间需要重点考虑下列各项因素:(1)销售价格是否明显高于该产品的成本,或者购买价格是否明显过低,甚至低于该产品的成本;(2)在成本基本稳定的情况下,是否存在超过正常幅度提高销售价格或者降低购买价格的情况;(3)销售商品的提价幅度是否明显高于成本增长幅度,或者购买商品的降价幅度是否明显高于交易相对人成本降低的幅度;(4)销售价格或者购买价格是否明显高于或者低于其他经营者销售或者购买同种商品的价格。

二、低于成本价格销售商品

低于成本价格销售商品也称为掠夺性定价行为,是指具有市场支配地位的经营者以排挤竞争对手为目的在一段时间内所实施的以低于成本方式销售商品,旨在排除、限制竞争的行为。这种行为的表现为具有市场支配地位的经营者持续以低于成本的价格销售商品,以便将竞争对手排挤出市场,或者阻止新的经营者进入该市场,从而成功地垄断该市场或维持其垄断地位。具有市场支配地位的经营者低于成本价格销售的行为,可能会把实力较弱的经营者排除出市场之外或使他们无法进入市场,而这并不是优胜劣汰自由竞争的结果。因此,这种行为通常为反垄断法所禁止。

具有支配地位的经营者拥有资产雄厚、生产规模大、分散经营能力强等优势,所以有能力承担暂时低价销售带来的损失;而一般的中小经营者势单力薄,无力承担这种损失,因此只有退出或无法进入。具有支配地位的经营者通过这种方式可以达到将竞争对手挤出相关市场或吓退企图进入相关市场的竞争者的目的,之后再通过将价格提高至超过正常竞争价格之上的高价而获取垄断超额利润。因此,从掠夺性定价行为的实施过程来看,只有当具有市场支配地位的经营者认为其挤走竞争者后从涨价中获得的利润,不仅可以完全抵消其先前由于实行低于成本价销售而造成的损失,且还另有更多利润可图时,才会实施这种行为。

实践中,主要从两个方面考察低于成本价格销售商品是否构成滥用市场支配地位的行为:

1. 经营者存在低于成本价格销售商品的事实。所谓成本,又称生产费用,是生产中所使用的各种生产要素的支出。为了对成本和收益进行分析,经济学中将成本分为总成本、固定成本、可变成本、平均成本和边际成本等。在反垄断的执法当中,对成本的界定各个国家并没有统一的标准,有的国家使用平均可变成本,有的国家使用平均总成本,这主要取决于各个国家不同的发展水平和实践中计算的便利性等因素。美国和欧洲法院所采纳的成本标准是平均可变成本。即,如果产品的价格低于其可变成本,这个价格可能就是掠夺性价格。然而这一做法也受到不少挑战。有学者研究认为,一个具有垄断势力的经营者对其产品的定价主要低于产品的平均成本,而平均成本包括平均可变成本和平均不变成本两个部分,所以即使价格高于平均可变成本,只要低于平均成本,也可能形成掠夺性定价,也会产生排除、限制竞争的后果,市场竞争秩序也会受到严重的损害。以此,美国法院目前的态度是:如果产品的价格低于平均可变成本,这个价格有极大可能是不正当低价;如果价格高于平均总成本,这个定价一般就会被认为是合法的。如果价格高于平均可变成本,而低于平均总成本,它的合法性或者违法性就需要考虑其他相关的经济因素,特别是该相关市场是否对外来竞争者存在着重大的进入障碍,以及该相关市场上其他企业对这个降价行为的实际和可能的反应等因素。总之,反垄断法采用什么样的成本计算标准,需要经济学家的参与并根据个案的情况进行具体判断。

2.经营者低于成本价格销售商品没有正当的理由。

具有市场支配地位的经营者实施的低于成本价格销售商品的行为是否构成其滥用市场支配地位的另一个必须考虑的因素,是要看该经营者实施的降价行为是否属于合理的降价。合理的降价是不以排挤竞争对手为目的的,是市场竞争的结果,是有利于增进消费者福利的。所谓合理的降价行为包括但不限于下列各种行为:依法降价处理鲜活商品、季节性商品、即将到有效期的商品和积压商品;因清偿债务、转产、歇业降价销售商品;为招徕顾客采取的短期或者小批量的促销行为;应对其他经营者低于成本销售的策略而被迫采取的降价行为等。在上述这些情况下的低于成本价格销售商品,应当认为具有"正当理由",不属于经营者凭借其市场支配地位而实施的以排挤竞争对手为目的的掠夺性定价行为。

三、拒绝交易

拒绝交易,是指具有市场支配地位的经营者没有正当理由,拒绝与交易相对人进行交易。在市场经济条件下,经营者有权根据自己的意愿选择是否交易、交易对象以及交易的内容,拒绝交易也是普通经营者的一项权利。但是,对于具有市场支配地位的经营者而言,如果其市场势力过于强大,使得在相关市场上交易相对人和消费者除了与其交易外没有别的选择余地,或至少是在同一相关市场内很难获得替代品。在这种情况下,具有市场支配地位的经营者如果实施拒绝交易行为或者通过施加苛刻条件变相拒绝与交易相对人交易,就有可能会对市场竞争产生不利影响。

拒绝交易有多种表现形式,有明示的也有默示的,有直接的拒绝交易也有变相的拒绝交易。其中,典型的拒绝交易行为表现为拒绝供应原材料、拒绝开放基础设施等,使依赖该原材料和基础设施进行生产经营的经营者因为缺乏有效供应或基础设施保障而无法经营,最终不得不退出市场。而所谓的变相拒绝交易,可以表现为通过设置交易相对人不能接受的交易条件,迫使交易相对人主动退出交易。例如,在实践中,经营者凭借市场支配地位,提出交易相对人根本无法接受的价格,迫使交易相对人放弃与之进行交易,以达到拒绝交易的效果。从被拒绝的交易相对人角度看,可能因此无法继续经营下去,最终导致其被排挤出市场。至于那些准备进入市场的潜在竞争者,也会担心被拒绝交易而不会轻易进入市场参与竞争。可见,经营者拒绝交易的目的并不是想从交易相对方处攫取利润,而是通过拒绝交易使相对方得不到生产经营所必需的基础条件或原材料而被迫退出市场,以此达到排挤竞争对手,控制和影响相关市场的目的。

判断一个拒绝交易行为是否构成反垄断法所禁止的滥用市场支配地位行为,主要考察以下两个方面:

1. 经营者实施了拒绝交易的行为。常见的拒绝交易表现为:大幅削减与交易相对人的现有交易数量;中断与交易相对人的现有交易;拒绝与交易相对人进行新的交易;设置限制性条件,使交易相对人难以继续与之进行交易;拒绝交易相对人在生产经营活动中以合理条件使用其基础设施等。其中,在认定基础设施的时候,应当综合考虑另行投资建设、另行开发建造该设施的可行性、交易相对人有效开展生产经营活动对该设施的依赖程度、该经营者提供该设施的可能性及对自身生产经营活动造成的影响等因素。

2. 经营者拒绝交易没有正当的理由。如果该经营者能够证明其拒绝与交易相对人交易是有正当理由的,则不能认定为是滥用市场支配地位的行为。所谓正当理由,就是指追求商业上的正当利益所作的考虑。例如,交易相对人有严重的不良信用记录,或者出现经营状况的持续恶化,可能会给交易安全造成较大风险;由于受到供应能力或者购买能力的限制,致使经营者难以与交易相对人进行交易等。是否具有正当理由,应当由反垄断执法机构根据个案进行判断。

四、限定交易

反垄断法上的限定交易是指具有市场支配地位的经营者利用其支配地位,强迫他人只能与其进行交易,或者只能与其指定的经营者进行交易,以此排除或限制竞争的行为。限定交易是滥用市场支配地位的典型表现之一,它直接限制了经营者对交易相对人的合同自由,同时也剥夺了竞争对手的交易机会。

限定他人与自己交易,主要表现为具有支配地位的经营者限制交易相对人只能购买自己的某种商品或者服务,而不能购买其竞争对手的商品或者服务。具有支配地位的经营者有时虽然没有限定他人只能与自己进行交易,但是明确不允许交易相对人与其竞争对手进行交易,这实际上变相地实现了只能与自己进行交易的目的,因而也属于限定交易。有时候,具有支配地位的经营者通过补偿交易相对人不能自由选择的损失,或者通过某种利益诱惑来实现这种排他性的交易,交易相对人出于自身利益的考虑可能也会只选择与之进行交易。但是这不能当然得出"这种排他性交易是有利于消费者的"这种结论,因为这种限定交易仍然有可能排除、限制了竞争。

判断具有市场支配地位的经营者是否实施了为反垄断法所禁止的限定交易时,应进行合理分析。因为在某些情形下,一种排他性的交易安排可能会产生增强效率和促进竞争的效果,例如,可以稳定供销渠道,降低交易成本,优化服务质量等。但是,整体而言,限定交易所产生的排除、限制竞争的负面效果是很明显的,它会阻止其他制造或提供同类产品的经营者进入相关市场,也会限制消费者的选择自由,从而引起效率损失。

判断具有市场支配地位的经营者是否从事了反垄断法所禁止的限定交易行为时,应当把握以下两个方面:

1.经营者实施了限定交易的行为。限定交易行为的表现形式多种多样,既有直接的限制交易行为,也有间接的限制交易行为。常见的有:只能购买和使用其提供的相关商品,而不得购买和使用其他经营者提供的符合技术标准要求的同类商品;限定交易相对人只能购买和使用其指定的经营者生产或者经销的商品,而不得购买和使用其他经营者提供的符合技术标准要求的同类商品;以检验商品质量、性能等为借口,阻碍用户、消费者购买、使用其他经营者提供的符合技术标准要求的其他商品。

2.限定交易行为没有正当的理由。经营者是否滥用市场支配地位实施为反垄断法所禁止的限定交易行为也必须依据合理原则判断。如果经营者限定交易的行为并非出于排除、限制竞争的目的,而是出于某些正当的商业考虑,就不能被认定为是滥用市场支配地位的行为。例如,有些限定交易是出于保证商品质量和安全的考虑,或者是为了维护企业品牌和商誉等。总之,如果经营者能够证明其限定交易的行为具有正当的商业理由,则不属于反垄断法所禁止的行为。

五、搭售或附加其他不合理交易条件

反垄断法所禁止的搭售是指具有市场支配地位的经营者违背交易惯例、消费习惯等,或者无视商品的功能,将不同商品强制捆绑销售或者组合销售,以至于购买者为得到其想要的商品就必须购买其他商品。作为滥用市场支配地位的行为之一,违法搭售在日常生活中更多地表现为经营者利用其支配地位,在销售畅销商品时搭配销售滞销商品;在销售名牌商品时搭配销售易耗品或非必要零配件等。附加其他的不合理交易条件包括:对合同期限、支付方式、商品的运输及交付方式或者服务的提供方式等,或者对商品的销售地域、销售对象、售后服务等附加不合理的限制性条件。这里所讲的附加其他不合理交易条件与前述的通过附加不合理条件变相拒绝交易是不同的,区别在于以附加不合理交易条件方式变相拒绝交易中的不合理交易条件,基本上是交易相对人不可能接受的,目的是迫使交易相对人退出市场;而此处的附加不合理交易条件是指违背公平交易原则的条件,意图让交易相对人屈服和接受不合理的条件,获得垄断利益。

通过非法搭售或者附加其他不合理交易条件,经营者能够将自己的市场支配地位进一步扩大,可以达到排挤、限制市场中其他经营者的销售地域、销售渠道的目的。但另一方面,在经济生活中,根据交易习惯和某些商品的特殊性质,某些搭售行为也具有商业合理性,比如,为了提高产品的质量,保证产品的使用安全或者方便消费者使用等目的进行的搭售;而一些附加的交易条件由于是出于正常的商业考虑、行业惯例或交易习惯,因此也不违反反垄断法。只有当搭售或所附加的交易条件具有排挤竞争对手的目的,具有排除、限制竞争的严重后果时,才能构成反垄断法所禁止的搭售,所附加的交易条件才会被判断为不合理的交易条件。

在判断具有市场支配地位的经营者所从事的搭售是否为反垄断法所禁止或附加的交易条件是否合理时,应当综合考虑以下因素:

1. 搭售行为或所附加的其他交易条件是否是该商品或该行业特定的交易习惯。如果根据交易习惯,某些商品通常都是与其他商品一起出售的或者出售时一直是附加某种交易条件的,并且这种搭售或附加的交易条件是有利于增进消费者福利的,则经营者的这种搭售行为或附加其他交易条件的行为就具有合理性。

2.搭售的商品若分开销售或商品如果不附加该交易条件,是否会有损于商品的性能、安全性或者使用价值。对某些商品而言,在使用的时候需要搭配与之配套的其他商品或者必须满足所附交易条件,否则将无法使用,或者商品本身对所搭配商品的品质有较高要求,或者对运输、销售、使用等有特定的条件要求,如果任由消费者在市场中随便购买替代品或者不遵从特定交易条件,则容易引起安全问题或者降低产品的使用价值和寿命。出于这样的考虑而采取的必要搭售或附加其他交易条件也是合理的。

3.搭售行为和附加交易条件行为对市场竞争的影响。反垄断法所禁止的违法搭售行为和附加不合理交易条件的行为必须具有严重的排除、限制竞争效果,即通过搭售和附加交易条件不但会加强和扩大经营者在相关市场上的支配地位,同时也会给市场竞争带来显著的不利影响。

六、差别待遇

差别待遇,也称歧视性待遇,是指具有市场支配地位的经营者对条件相同的交易相对人在交易价格等交易条件上实行不同的待遇。这里的待遇包括在价格、交货速度、担保、配件供给、付款方式和其他交易条件等方面的待遇。具有市场支配地位的经营者对条件相同的交易相对人采用不同的交易条件，可能会使某些交易相对人在相关市场上相对于其他经营者处于明显不利的竞争地位，从而影响了交易相对人之间的公平竞争。在现实经济生活中，差别待遇是一种常见的滥用市场支配地位的行为。

价格歧视是比较典型的一种差别待遇，它是经营者对交易条件相同的交易相对人实行不同的价格政策，又被称为歧视性定价。这里的"交易条件相同"是指在商品的质量、等级和其他的交易条件方面相同或者几乎相同。而"不同的价格政策"则通常表现为不同的折扣率，或者对某些交易相对人价外加价。价格歧视对经营者来说是一种经销策略，它一方面可以拓宽市场，另一方面可以增加产品的收益，获得较高的利润。但是，价格歧视对市场竞争的负面影响也是显著的。如果卖方对购买相同等级、相同数量商品的买方要求支付不同的价款，或者买方对提供相同等级、相同质量商品的卖方支付不同的价款，从而使相同商品的卖方因销售价格不同或者买方因进货价格不同而获得不同的交易结果，将人为地扭曲他们彼此间在自由竞争市场环境下展开公平竞争的条件，最终也会将这种歧视性的价格带给消费者。

实践中，差别定价现象普遍存在，如航空公司的票价有团体票和个人票之分,还有的经营者将顾客划分为不同的级别给予不同的折扣等等。区分正常的差别定价行为和违反反垄断法的价格歧视行为的界限就是,差别定价策略是否对相关市场的竞争秩序产生了不利影响,是否具有排除、限制竞争的严重后果。

除价格歧视以外,差别待遇还包括在其他交易条件上的差别对待。

判断差别待遇是否构成滥用市场支配地位的违法行为,应综合考虑以下各项因素:

1.交易相对人的交易条件是相同的。只有对交易条件相同的交易相对人实行不同的待遇才能称之为差别待遇。如果交易相对人的交易条件不同,那么这种差别对待就是合理的。例如实践中,我们不能将批发商和零售商作为交易条件相同的交易相对人,因为两者交易的数量是不同的,因此,通常批发商能够因为大规模的交易量享受到更大的折扣和优惠。但是,在实践中也应当注意辨识经营者为了实行差别待遇而人为制造的不同交易条件。

2.经营者对交易条件相同的相对人实行了差别待遇。这种差别待遇既可能表现在价格上,也可能表现在其他的交易条件上。实践中,由于交易相对人的不同情况,交易条件不可能完全相同,因此,当在一定范围或一定程度内对各交易条件大致相同的交易相对人给予不完全相同的待遇时,只要在一个合理的范围,不应认定为实行了差别待遇。

3. 差别待遇产生了排除、限制竞争的后果。即差别待遇造成交易相对人之间的交易条件的不平等,从而影响到了交易相对人之间的公平竞争。

七、其他滥用市场支配地位的行为

上述六种滥用市场支配地位行为是较为典型的,也是实践中常常遇到的。正是因为具有典型性,《反垄断法》对之作了明文列举。但是,《反垄断法》的列举并不穷尽,实践中的滥用市场支配地位的行为多种多样,而且随着市场经济的发展,新的类型也不断出现。为了有效制止各种未明文列举的其他滥用市场支配地位的行为,不留下法律真空,我国《反垄断法》第17条第1款第7项还专门规定了兜底性条款,即"国务院反垄断执法机构认定的其他滥用市场支配地位的行为"。这对于依法预防和制裁各种形式的滥用市场支配地位行为,具有重要的意义。

第四章　经营者集中

第一节　概　述

本章所讲述的是经营者集中制度。所谓经营者集中，是指经营者合并、经营者通过取得其他经营者的股份、资产以及通过合同等方式取得对其他经营者的控制权，或者能够对其他经营者施加决定性影响。与垄断协议和滥用市场支配地位相比，经营者集中制度的作用重在预防。

一、经营者集中的概念

经营者集中是反垄断法上特有的概念，是指经营者通过合并及购买股权或资产等方式进行的结合行为。经营者集中行为发生在相互独立的经营者之间。

尽管经济社会发展状况不同、法律制度存在差异，不同国家/地区反垄断法对经营者集中的理解还是大体相同的。《反垄断法》没有对经营者集中概念进行界定，而是在第20条以列举的方式规定了经营者集中的三种具体情形。

二、经营者集中控制制度的必要性

经营者集中对市场竞争可能会带来有利影响，能够在较短的时间内集中两个以上企业的人员、资本、技术、营销网络等资源，整合多个企业的生产经营能力，是企业迅速扩张、提高规模经济效益和市场竞争力的有效方式。同时，经营者集中还可以在优化市场资源配置、调整和优化产业结构、促进技术和管理经验的传播、挽救濒临破产的经营者以及提高整个社会经济效益方面发挥重要作用。

经营者集中对市场竞争也可能会带来不利影响，能够直接消灭市场中的竞争对手或消灭竞争对手在特定相关市场的竞争能力，减少市场中竞争对手的数量，永久性地消灭参与集中的竞争者之间的竞争：其一，经营者集中能够迅速增加、强化或促成经营者的市场优势地位或者支配地位，便于其控制或者操纵市场，有可能排除、限制该相关市场上的竞争；其二，经营者集中导致的竞争者数目减少，有利于存续的企业协调一致，共同采取某种手段排除或者限制竞争、阻碍生产力进步和技术创新，从而导致损害消费者利益的最终后果。

为了消除或减少经营者集中造成的不利影响，各国/地区反垄断法大多设立了经营者集中审查制度，要求达到一定规模的经营者集中必须向反垄断法执法机构进行申报,或者规定反垄断执法机构有权对达到一定规模的经营者集中主动提起调查。如果一项经营者集中具有或可能具有排除、限制市场竞争的效果,反垄断执法机构有权通过禁止该项集中或者附加限制性条件,防止该集中对市场竞争产生不利影响。经营者集中控制目的是维护市场有效竞争,避免市场竞争受到实质性损害,不会妨碍企业做大做强。

20世纪90年代以来,经济全球化进程明显加快,各国对全球市场份额的争夺日趋激烈。为了争夺更大的国际市场份额,在未来的竞争中占据有利地位,各国企业纷纷通过集中的方式迅速扩大规模,增强国际竞争力。我国制定《反垄断法》,也充分考虑了我国经济发展的阶段性。我国现阶段经济发展中的一个突出问题是产业集中度不高,许多企业达不到规模经济要求,竞争力不强。因此,在我国当前情况下,经营者集中有利于改变我国企业过度分散、规模较小、竞争力薄弱的状况,有利于促进企业间的人力、资本和技术等方面资源的整合,提高企业的生产效率和竞争力。《反垄断法》在"总则"中明确规定,经营者可以通过公平竞争,自愿联合,依法实施集中,扩大经营规模,提高市场竞争力;同时,在"经营者集中"一章中规定,审查经营者集中,除了要考虑经营者集中对竞争产生的影响外,还要考虑对国民经济发展和科技进步的影响等因素。对应予以禁止的经营者集中,如果经营者能够证明该集中对竞争产生的有利影响明显大于不利影响,或者符合社会公共利益,国务院反垄断执法机构可以作出不予禁止的决定。

三、主要国家/地区的经营者集中控制制度

经营者集中反垄断审查已经成为市场经济国家反垄断法律制度的重要内容。目前,已有 120 多个国家/地区建立了经营者集中或者与之类似的反垄断审查制度。

1890 年《谢尔曼法》及其早期的司法判例是美国对企业并购进行反垄断审查最早的依据,1914 年《克莱顿法》第 7 条进一步明确了企业并购反垄断审查相关制度,1950 年的《塞勒·凯弗维尔修正法》、1976 年的《哈特·斯科特·诺迪罗反托拉斯改进法》和 1980 年的《反托拉斯诉讼程序改进法》对《克莱顿法》的规定进行了补充和完善,构建了美国企业合并控制的基本法律制度。在此基础上,美国司法部于 1968、1982、1984 年发布了《企业合并指南》,司法部和联邦贸易委员会于 1992 年联合发布了《横向合并指南》,并在 1997 年、2010 年进行了修订。

欧盟对企业并购进行反垄断审查最早的法律依据可

以追溯到 1957 年《欧共体条约》的第 81 条和第 82 条。1989 年通过的《欧共体理事会关于企业并购控制条例》是对企业并购行为进行规制的专门性法律规范。经过 1997 年修改，2004 年欧盟理事会重新制定了企业集中控制条例（以下简称《2004 年企业并购条例》）及其实施条例。前者规定了企业并购审查的实体规范，后者规定了审查遵循的基本程序。与美国情况类似，欧盟在上述基本法律制度基础上，还制定了一系列配套的指南、通知和最佳做法，如 2004 年发布的《评估横向合并的指南》和《合并审查程序最佳做法》、2007 年发布的《评估非横向合并的指南》以及 2008 年公布的《合并救济通知》。

除美国和欧盟外，德国《反限制竞争法》、日本《禁止私人垄断和维护公平交易法》、巴西《反托拉斯法》、俄罗斯《保护竞争法》、印度《竞争法》也明确规定了并购控制制度。尽管不同国家/地区的法律制度对并购行为的干预程度和具体方式略有差别，但是总体来看，世界各国对并购行为的控制均采取了多层次立法的方式，即通过法律、法规、条例和指南等法律文件构筑了一个多层次的经营者集中控制法律体系。这种体系有利于反垄断执法机构根据本国经济社会发展的具体情况，对经营者集中采取适当的控制政策，在鼓励经营者依法实施集中的同时减少对市场竞争的不利影响。

《反垄断法》和相关配套法规、规章、指南及规范性法律文件,构成了我国经营者集中控制制度的法律制度体系。《反垄断法》第4章确立了经营者集中控制的基本制度。2008年颁布的《关于经营者集中申报标准的规定》为经营者集中反垄断审查申报提供了具体的执法依据。商务部2009年和2010年公布的《经营者集中申报办法》、《经营者集中审查办法》和《关于实施经营者集中资产或业务剥离的暂行规定》分别从申报程序和审查程序两个方面对《反垄断法》第4章有关规定进行了细化。此外,就相关市场界定问题,2009年国务院反垄断委员会颁布了《关于相关市场界定的指南》,明确了相关市场界定的基本依据、一般方法和分析思路;2009年商务部会同有关金融监管部门公布了《金融业经营者集中申报营业额计算办法》,对银行、证券公司、期货公司、基金管理公司和保险公司等金融机构经营者集中申报营业额的计算方法做出具体规定。目前,相关配套立法仍在不断增加完善。

四、经营者集中审查与外资并购的国家安全审查

经营者集中审查与外资并购的国家安全审查是两项不同的审查制度。经营者集中审查是基于反垄断法进行的,其中对于经营者集中的评估侧重于竞争影响方面;而对外资并购的国家安全审查主要是基于国家安全要求进行的,世界各国均将这两项制度予以区分。

《反垄断法》第 31 条规定,"对外资并购境内企业或者以其他方式参与经营者集中,涉及国家安全的,除依照本法规定进行经营者集中审查外,还应当按照国家有关规定进行国家安全审查"。该条规定表明以下两点:首先,在我国,外资并购国内企业可能需要进行国家安全审查;其次,国家安全审查不是依据反垄断法进行,而是依据国家其他有关规定进行。对外资并购本国企业进行国家安全审查,并不是我国独创的制度。美国、加拿大、英国、法国、德国、日本等许多国家/地区的法律都有这方面的规定。《反垄断法》第 31 条,正是借鉴国际上的通行做法,根据我国经济发展情况所作出的。

改革开放以来,我国实行积极的吸收和利用外资政策,鼓励外国投资者来华投资。目前,我国已经形成了以《外资企业法》、《中外合资经营企业法》、《中外合作经营企业法》及相关实施细则为中心的中国利用外资法律法规体系。《反垄断法》的实施会为外国投资者营造更好的投资环境,有利于中国吸引和利用外资,而不会对中国吸引和利用外资政策产生负面影响。

第二节　经营者集中的情形

根据《反垄断法》第 20 条的规定,经营者集中是指以下三种情形:(1)经营者合并;(2)经营者通过取得股权或资产的方式取得对其他经营者的控制权;(3)经营者通过合同等方式取得对其他经营者的控制权或者能够对其他经营者施加决定性影响。

一、经营者合并

第一种经营者集中的情形是经营者合并。从我国目前的法律体系来看,《公司法》中明确规定了两种形式的公司合并。《公司法》第 173 条规定,"公司合并可以采取吸收合并或者新设合并。一个公司吸收其他公司为吸收合并,被吸收的公司解散。两个以上公司合并设立一个新的公司为新设合并,合并各方解散"。《反垄断法》所规制的合并行为与《公司法》规定的合并行为关注角度不同,《反垄断法》更加关注两个或者多个经营者通过集中成为一个经营者后,对市场竞争可能产生的影响。两个或者多个经营者无论是通过吸收合并,还是通过新设合并的方式成为一个经营者,原经营者所拥有的经济能力全部转让于合并后存续或新设的经营者,这就可能对市场竞争状况产生影响,因此经营者合并是受到反垄断法关注的经营者集中情形之一。

二、经营者通过取得股权或者资产的方式取得对其他经营者的控制权

第二种经营者集中的情形是经营者通过取得股权或者资产的方式取得对其他经营者的控制权。根据经营者取得的具体标的不同,可以分为经营者取得股权的集中和经营者取得资产的集中。但是,无论是取得股权还是取得资产,都只是经营者集中的方式,取得股权或资产的行为本身并不必然构成反垄断法意义上的经营者集中。要判断股权或资产的取得是否构成经营者集中,应对具体集中交易行为进行具体分析,判断该行为的结果是否导致了经营者控制权的转移。

(一)取得股权的经营者集中

取得股权的经营者集中是指,经营者通过取得其他经营者的股权,实现对其他的经营者的控制。取得股权是实践中最常见的经营者集中方式。对这里的股权应当作广义的理解。对有限责任公司来说,应当包括公司的股权和增资;对股份有限公司来说,应当包括公司的股份和增发的股份。

反垄断法关注的经营者集中是取得股权达到一定程度的情形。根据《反垄断法》的规定,经营者取得其他经营者的股权必须达到取得对其他经营者控制权的程度,才构成经营者集中的情形。经营者只有取得了对其他经营者的控制权,才能够对其他经营者施加必要的影响,从而强化该经营者在相关市场上的竞争能力,对市场竞争产生影响。这里的控制权包括单独控制和共同控制两种情形。所谓单独控制,是指通过取得股权,经营者一方可以控制其他经营者;所谓共同控制,则是指两个以上经营者对其他经营者拥有共同控制权的情形。

需要注意的是,取得控股权和取得控制权并没有必然联系,在实践中,取得控股权可能构成取得控制权,也可能因为存在其他情形而不构成取得控制权。因此,不应仅仅通过取得的股权比例多少对是否取得控制权作出简单判断。也就是说,一项取得股权的交易是否构成经营者集中应当结合具体的交易情况进行判断。

(二)取得资产的经营者集中

取得资产也是一种重要的经营者集中方式。经营者集中意义上的资产不是一般买卖中的资产,在实践中通常指整体资产或者运营资产。判断是否构成经营者集中意义上的资产,应当注意以下因素:一是购买的资产的属性。

购买的资产本身应具备生产资料的基本要素,可以直接投入生产经营,或者在该资产基础上稍加改造就可以投入生产经营;二是资产与经营能力之间的关系。如果出售资产的经营者在出售该资产以后,就丧失了部分生产经营能力或者全部的生产经营能力,或者购买者在购买该资产后经过改造调整可以比较容易地具有部分生产经营能力,就认为该资产属于经营者集中意义上的资产。

经营者通过取得资产的方式取得对其他经营者的控制权,还可以区分为以下两种情形:首先,经营者通过取得资产取得对其他经营者的控制权的,其他经营者对该资产未丧失控制权,应当视为该两个经营者之间的集中;其次,经营者取得对其他经营者资产的控制权,而其他经营者对该资产已经失去控制权,那么通常将该部分资产视为参与集中的经营者,即为前一个经营者与该部分资产的集中。

此外,如果经营者没有取得其他经营者资产的所有权,而是取得了资产在一定期间内的使用权,从而取得了在一定期间内对该部分资产的控制权或对其他经营者的控制权,根据具体情况也可以视为经营者集中。但是,该类集中也可能归纳到"经营者通过合同等方式取得对其他经营者的控制权或者能够对其他经营者施加决定性影响"的方式之中。

三、经营者通过合同等方式取得对其他经营者的控制权或者能够对其他经营者施加决定性影响

涉及这种情况的经营者集中包括经营者通过除合并、取得股权或资产以外的各种方式，取得对其他经营者的控制权或能够对其施加决定性影响的情形。从国内外法律实践看，经营者可以通过签订合营合同、人事合同、知识产权转让或许可合同等方式取得对其他经营者的控制权或者施加决定性影响，也可以通过实施其他行为达到这种效果，这些情形均属于反垄断法意义上的经营者集中。随着经济的发展，经营者的交易方式更加多样化，在立法中很难通过列举的方式穷尽所有经营者集中情形。因此，《反垄断法》的该条规定是兜底条款，为反垄断执法机构对表现为各种不同形式的经营者集中进行审查提供了法律依据。就控制方式而言，不同于第二种情形，除了"取得对其他经营者的控制权"，第三种情形还包括"能够对其他经营者施加决定性影响"。

综上，判断是否构成经营者集中情形的关键问题是经营者是否取得控制权或者是否能够通过特定行为对其他经营者施加决定性影响。这种判断标准的实质是评估经营者能否通过取得股权、资产或合同等其他方式将自身参与市场竞争的能力与其他经营者参与市场竞争的能力结

合起来,参与市场竞争。需要注意的是,控制权的变化主要是从集中的结果和实际效果看,即实施集中的经营者是否因为该项集中获得了对其他经营者的决策实施控制或施加决定性影响的能力。

第三节　经营者集中的申报

《反垄断法》第21条至第24条规定了经营者集中的申报制度。

一、申报义务

《反垄断法》第21条规定,经营者集中达到国务院规定的申报标准的,经营者应当事先向国务院反垄断执法机构申报,未申报的不得实施集中。该条是关于经营者集中事前申报制度、申报义务人和未申报法律后果的原则性规定。

(一)事前申报制度

从各国的反垄断立法实践来看,各国的申报制度通常是从申报时间和申报的法律效力两方面规定的。经营者集中的申报制度主要有两种类型,第一种是事前申报制度,第二种是事后申报(备案)制度。从法律效力的角度,经营者集中申报制度也有两种类型,第一种是强制申报制度,第二种是自愿申报制度。例如,一些国家/地区在立法中规定,达到法定规模和条件的经营者集中必须在实施集中前向反垄断执法机构申报。只有在获得反垄断执法机构批准或者规定的等待期届满后,才能实施集中。这种申报制度一般被称为事前强制申报制度。还有一些国家/地区在立法中规定,对于达到法定规模和条件的经营者集中,申报义务人必须在该项集中实施或完成后的一定期间内向反垄断执法机构进行申报。此外,还有一些国家/地区规定,经营者集中不需要事先向反垄断执法机构申报,只需要在集中完成以后向反垄断执法机构备案,这种制度被称为事后申报(备案)制度。此类制度通常会与有关反垄断执法机构调查权的规定相结合,构成一个完整的申报制度。即,虽然就经营者集中没有规定强制性的申报义务,但是反垄断执法机构可以依职权对经营者集中主动提起反垄断调查,包括对已经完成的经营者集中提起反垄断调查,在该类申报制度下,反垄断执法机构有权决定禁止经营者集中的实施,或者宣布已经完成的集中不符合反垄断法,并据此采取进一步的处理措施。此外,少数国家/地区还规定了对经营者集中的自愿申报制度。与事后申报(备案)制度相同,此种制度也是与反垄断执法机构的调查权结合在一起的。简单来说,在此类制度下,经营者不负有就特定经营者集中进行申报的强制性申报义务,但是反垄断执法机构享有对特定集中主动提起调查并进行相应处理的权力。

为了避免对经营者集中评估不确定而对经营者造成的不确定影响,世界上建立反垄断法律制度的大多数国家/地区都采用事前申报制度。在该制度下,反垄断执法机构可以通过考察相关因素对经营者集中的竞争影响进行评估,使经营者集中在反垄断法项下的法律后果具有可预测性,从而避免经营者承担集中完成后被判定违法的法律风险以及巨大经济损失。

根据《反垄断法》第21条的规定,我国也采用了事前强制申报制度。据此,经营者集中达到申报标准的,经营者负有向国务院反垄断执法机构申报的义务。该义务是对达到申报标准的经营者集中的强制性要求,尽管一项经营者集中可能对竞争没有任何损害且最终被反垄断执法机构批准实施,但也不能免除相应的事前申报义务。如果达到申报标准而未向国务院反垄断执法机构申报并已实施的,即构成违反反垄断法,负担该义务的经营者应当承担相应的法律责任。

此外,对于未达法定申报标准但是具有或可能具有排除、限制竞争影响的经营者集中,反垄断执法机构对此类经营者集中拥有管辖权。对此类集中适用的是自愿申报制度,该制度可视为对《反垄断法》确立的事前强制申报制度的补充,确保了在特定行业或领域即使未达法定申报标准的经营者集中也可能对市场竞争产生排除、限制竞争影响的情况下,执法机构能够提供相应救济的可能性。按照自愿申报制度,经营者对于未达到申报标准的集中交易可自愿向反垄断执法机构提出申报,反垄断执法机构收到自愿申报后可确定是否有必要进行审查。同时,自愿申报制度是与执法机构的调查权相结合的,在必要的情况下,反垄断执法机构也可以自行对此类集中主动提起调查。与达到申报标准的集中交易不同的是,自愿申报的经营者可自行决定是否暂停实施其集中交易,并承担相应的法律后果。

(二)申报义务人

申报义务人是指负有向反垄断执法机构进行申报的义务的经营者。如果申报义务人没有按照规定履行申报义务,不仅可能承担违反《反垄断法》的责任,还有可能承担对其他各方的民事责任。由于经营者集中至少有两方当事人参与,经营能力向至少一方当事人集中,该当事人一般是经营者集中的主动方,因此应当承担经营者集中反垄断申报的法律义务;另一方面,由于经营者集中涉及多方当事人,如果没有其他各方当事人的协助,只有申报义务人往往是难以充分地履行申报义务,这就要求其他的经营者集中参与者根据情况承担必要的协助申报义务。这些协助申报义务主要包括提供必要的数据、信息和相应证据材料。例如,对上市公司进行敌意收购时,申报义务人可能不掌握申报所需的其他经营者的文件资料信息,此时就需要其他经营者进行配合,向反垄断执法机构提供必要的文件资料。

通过合并方式实施的经营者集中,由参与合并的各方经营者申报;其他方式的经营者集中,由取得控制权或能够施加决定性影响的经营者申报,其他经营者予以配合。申报义务人未进行集中申报的,其他参与集中的经营者可以提出申报。申报义务人可以自行申报,也可以依法委托他人代理申报。

二、申报标准

经营者集中的申报标准,是参与集中的经营者是否申报并接受反垄断审查的依据,也被形象地称为触发申报程序的门槛。《反垄断法》没有明确规定经营者申报的标准,而国务院公布的《关于经营者集中申报标准的规定》对经营者集中的申报标准做出了明确规定。依照该规定,只有达到法定标准的经营者集中情形才需要申报。也就是说,对于一项交易,首先要看是否构成经营者集中,如果不构成法定的经营者集中情形,即使达到了一定标准也没有申报的强制义务;在符合经营者集中情形的前提下,还必须满足一定标准的交易才需要申报,这里的"一定标准"在我国指的是营业额标准。

(一)营业额标准

经营者集中申报制度并不要求所有的集中交易都必须申报,只有达到一定标准以上的交易才需要申报。这些标准一方面要能够大体上反映当事企业的生产经营规模、经济实力及在相关市场的影响力等,另一方面这些指标应当简单、明了、可量化,在现实中又比较容易获得,能够使经营者清楚地知道其拟进行的集中行为是否需要申报。世界各国通常采用的确定申报标准的因素有四个:资产额、销售额、市场份额和交易额。在上述四种标准中,企业的资产额及其销售额在实践中比较容易获得,而且能够简单明了、比较直观地反映参与集中企业的经济实力与规模。从世界范围来看,使用也最为广泛。目前,越来越多的国家/地区采用这个标准,如美国、欧盟、德国、日本、巴西、俄罗斯等,均以资产总额和/或销售额为标准。我国采用了与销售额相类似的营业额标准。

确定了申报标准的指标之后,就需要确定具体的指标数值。确定申报标准的具体数额直接关系到经营者集中申报制度是否能够顺利实现其设计目标。指标数值的确定是一项相当复杂的实践研究过程,需要根据一国的经济发展情况和经济政策来决定,许多国家/地区还根据经济发展的需要,动态地调整申报标准的指标数值。我国营业额标准中具体数额的确定兼顾了世界各国的做法和我国经济的发展水平,引入了全球范围营业额和中国境内营业额两项数值。即,应当进行申报的营业额标准有两种情形,一是参与集中的所有经营者上一会计年度在全球范围内的营业额合计超过 100 亿元人民币,并且其中至少两个经营者上一会计年度在中国境内的营业额均超过 4 亿元人民币;二是参与集中的所有经营者上一会计年度在中国境内的营业额合计超过 20 亿元人民币,并且其中至少两个经营者上一会计年度在中国境内的营业额均超过 4 亿元人民币。其中,"在中国境内"是指经营者提供产品或服务的买方所在地在中国境内。

（二）营业额的计算

计算营业额通常需要考虑以下三方面因素:其一,营业额计算的对象。根据我国法律规定,计算营业额时必须明确谁是参与集中的经营者以及与其有关联的经营者,包括其母公司、子公司和姊妹公司等;其二,营业额具体包括哪些项目。根据我国法律规定,营业额包括相关经营者上一会计年度内销售产品和提供服务所获得的收入,扣除相关税金及其附加;其三,不同行业经营者的营业额计算是否有所不同。由于不同行业经营者在收入形式、税负承担和运营方式上有很大区别,因此在营业额计算上也可能存在较大差异,比如银行、保险、证券、期货等特殊行业和领域,对于银行业金融机构、证券公司、期货公司、基金管理公司和保险公司等经营者营业额的计算,就要适用不同的计算方法。根据《金融业经营者集中申报营业额计算办法》,银行、证券公司、期货公司和基金管理公司的集中申报营业额的计算公式为:(营业额要素累加 – 营业额税金及附加)×10%;保险公司的集中申报营业额的计算公式为:(保费收入 – 营业税金及附加)×10%。

三、可以不申报的情形

《反垄断法》第 22 条规定,经营者集中有下列情形之一的,可以不向国务院反垄断执法机构申报:(1)参与集中的一个经营者拥有其他每个经营者 50% 以上有表决权的股份或者资产的;(2)参与集中的每个经营者 50% 以上有表决权的股份或者资产被同一个未参与集中的经营者拥有的。根据该条规定,上述关系视为业已形成控制与被控制关系,此种经营者集中行为可以不申报。

可以不申报的情形包括如下两个方面:第一种情况是,参与集中的一个经营者拥有其他每个经营者50%以上有表决权的股份或者资产。如果一个经营者已经拥有其他每个经营者50%以上有表决权的股份或者资产,则视为该经营者已经对其他的经营者形成控制关系;第二种情况是,参与集中的每个经营者50%以上有表决权的股份或者资产被同一个未参与集中的经营者拥有。如果参与集中的每个经营者50%以上有表决权的股份或者资产被同一个未参与集中的经营者拥有,则视为这些参与集中的经营者均被没有参与集中的那个经营者所控制。当然,在实践中还可能存在其他形式的形成控制与被控制关系的经营者集中,但是这些经营者集中并不属于法定的可以不申报情形。

《反垄断法》对可以不申报的经营者集中情形的规定参考了一些国家/地区的做法。此类情形之所以可以不申报,是因为从经营者集中控制角度看,已经形成控制与被控制关系的经营者被视为同一方当事人,他们之间的集中行为被视为同一集团内部的结构调整,这种调整不会对市场竞争产生结构性影响,没有必要向反垄断执法机构申报,反垄断执法机构也没有必要对该类经营者集中进行审查。允许经营者集团内部进行的重组活动免于经营者集中申报,不但可以减轻经营者负担,而且可以节约行政资源。

四、申报程序及申报文件

(一)申报程序

从世界各国的反垄断法实践来看,经营者集中申报程序大致可以分为申报前商谈、提交申报文件、立案审查等阶段。

申报前商谈并非是申报方的法定义务,但是可以为申报方提供申报便利。通过申报前商谈,经营者可以与反垄断执法机构进行直接交流,对是否需要申报、由谁进行申报、如何申报、提交哪些申报文件及其他与申报相关的问题加以明确,通过反垄断执法机构的解释和澄清,有助于经营者提交符合法定要求的申报文件,尽早明确是否需要申报,缩短立案前的准备时间,尽快启动经营者集中审查程序。申报前商谈有助于执法机构了解交易和交易方,是执法机构的一种有效做法。在正式申报前,参与集中的经营者可以就集中申报的相关问题向反垄断执法机构申请商谈,商谈申请应当以书面方式提出,内容应包括申请人、申请事项、交易概况、拟商谈问题以及联系人等信息,申请人应提供与拟进行商谈的集中交易有关的必要文件、资料,并预约商谈时间。需要说明的是,申报前商谈虽然是重要步骤,但不是必要步骤,经营者可以不经商谈而直接提交正式的申报文件。同时,申报前商谈是经营者集中申报前的一个非正式程序,而不是正式程序,反垄断执法机构在商谈期间给予的答复仅具建议性质而不具有法律约束力。

　　提交申报文件是经营者集中正式申报程序的开始。反垄断执法机构将根据《反垄断法》的规定对申报人提交的申报文件进行核查。根据《反垄断法》的规定,申报人应当提交符合《反垄断法》第23条规定的完备的申报文件,反垄断执法机构发现申报的文件、资料不完备的,可以要求申报人在规定期限内补交。申报人逾期未补交的,视为未申报。反垄断执法机构发现申报人故意隐瞒重要情况或者提供虚假信息的,反垄断执法机构将不予立案。

　　立案审查是经营者集中申报程序的终结,进入经营者集中审查程序的标志性节点。立案时间是开始计算初步审查期限的起点,对于反垄断执法机构和申报人都具有法律约束力和重要意义。反垄断执法机构经核查认为申报文件、资料符合法定要求的,应当自收到完备的申报文件、资料之日予以立案并书面通知申报人。自立案之日起,反垄断执法机构将对经营者集中申报进行初步阶段的审查。

　　此外,考虑到经营者集中立案后,申报人可能会因各种情况而需要撤回申报。需要撤回的情况可概括为两种：一是申报方将放弃集中交易，不再实施该经营者集中；二是集中交易仍然要进行但经营者要求撤回。第一种情况不需要反垄断执法机构的同意，只要提交书面申请并说明理由即可；第二种情况的撤回申报则须经反垄断执法机构的审查同意。经营者撤回集中申报的，审查程序终止。反垄断执法机构同意撤回申报并不视为对集中的批准。

（二）申报文件

反垄断法要求经营者集中申报义务人提交的申报文件资料，既包括反映客观情况的文件资料，例如参与集中的经营者各方的名称、住所、经营范围、资产规模、销售额、集中的方案、集中交易额、预定的集中实施日期以及会计报表等等，也包括一部分基于申报义务人主观判断的分析性文件或者材料，例如集中对相关市场竞争状况的影响、相关市场划分和市场份额的情况等。这些材料可以为反垄断执法机构处理案件提供初步的分析资料。

从各国的立法来看，要求经营者集中申报义务人提交申报文件材料信息的做法主要有两种：第一种做法是，列举需要提交的文件资料的名称，由申报义务人自行理解所需要提交的文件资料的内容和含义，并结合具体案件的情况提交不同内容的申报文件和资料。反垄断执法机构分别审阅这些提交的材料,全面掌握所提交材料的内容并提炼和分析其中包含的有用信息。这种做法的好处是,对申报义务人和反垄断执法机构来讲都比较灵活,但是鉴于申报义务人和反垄断执法机构可能对同一份文件会有不同的理解,因此反垄断法一般会对所提交的文件资料提出具体的要求。第二种做法是,反垄断执法机构事先设计和发布标准的表格,经营者集中的申报义务人直接填写这些标准表格。标准申报表格一般是在大量经营者集中申报和审查执法的基础上设计出来的。填写表格的做法提高了经营者集中申报义务人申报的效率,在一定程度上降低了申报成本,减轻了申报义务人和反垄断执法机构的负担。目前,欧盟和美国就采取了这种做法,要求经营者集中的当事人提交包括各种信息的标准申报表。

　　根据《反垄断法》相关规定,经营者集中要求提交的文件材料大致可分为三类:(1)法定提交的文件资料5项,包括申报书、关于集中对相关市场竞争状况影响的说明、集中协议、参与集中的经营者经会计师事务所审计的上一会计年度财务会计报告和国务院反垄断执法机构规定的其他文件、资料;(2)其他应提交的文件资料,如申报人的身份证明或注册登记证明、真实性和(或)信息来源准确性及完整性的声明和与经营者集中各方存在关联关系的企业名单等;(3)酌定提交的文件资料。这是指并非每一项经营者集中的申报都需要提交的文件资料。申报义务人可以根据案件的具体情况决定是否需要提交,反垄断执法机构也可以根据案件的具体情况和审查的需要决定是否需要申报义务人提交这些文件,包括但不限于其他主管部门审查、审批或核准的情况以及进展,该项经营者集中在其他司法管辖区进行经营者集中申报、审查或者备案的情况、地方人民政府和主管部门等有关方面的意见,支持集中协议的各类报告等。

《反垄断法》第24条规定了经营者集中反垄断申报资料补正制度,明确了补交申报文件资料的前提条件、补交文件、资料的期限和逾期的法律后果。申报人补交文件、资料的前提是已经向国务院反垄断执法机构提交了反垄断申报文件和资料,但是反垄断执法机构认为申报人提交的文件和资料不完备。国务院反垄断执法机构要求经营者集中申报义务人补交文件、资料的,申报义务人必须在规定的期限内补交这些文件、资料。申报人逾期没有补交文件、资料视为没有申报,即在国务院反垄断执法机构规定的期限内,申报人没有及时提交应当补交的文件、资料,申报人此前已经申报的行为归于无效。

第四节　经营者集中的审查

经营者集中的审查制度主要包括程序和实体两个方面。《反垄断法》第 25 条至第 27 条对这两方面作出了规定,其中第 25 条、第 26 条规定程序内容,第 27 条规定了反垄断执法机构在判断经营者集中是否具有或可能具有排除、限制竞争效果时应予以考虑的因素。

法律法规中规定的"审查",针对的是达到法定申报标准,依法应进行申报的经营者集中。根据《国务院关于经营者集中申报标准的规定》,对于未达到法定申报标准但按照规定程序收集的事实和证据表明具有或者可能具有排除、限制竞争效果的经营者集中,反垄断执法机构有权进行调查。对于达到法定申报标准但未依法进行申报的集中,反垄断执法机构有权依照《反垄断法》相关规定进行处理,责令停止实施集中、限期处分股份或者资产、限期转让营业以及采取其他必要措施恢复到集中前的状态,可以处 50 万元以下的罚款。

一、审查程序

(一)审查阶段

申报人就达到国务院规定的申报标准的经营者集中

依法进行申报,且反垄断执法机构认为其申报材料完备并予以立案的,则对于该项经营者集中的审查程序正式启动。反垄断执法机构对于依法申报的经营者集中的审查分为三个阶段,即初步审查阶段、进一步审查阶段和延长期进一步审查阶段。

1. 初步审查阶段

初步审查又称第一阶段审查,是经营者集中反垄断审查的重要阶段。国务院反垄断执法机构只有收到符合法律规定的必要文件和材料,才能开展经营者集中反垄断审查工作。根据我国法律规定,经营者集中的申报义务人向反垄断执法机构提交符合法律规定的文件、资料之日起30日内,反垄断执法机构应对申报的经营者集中进行初步审查并作出相应的决定。30日的起算应当从收到经营者提交的符合法律规定的文件、资料之日的次日开始计算。

申报义务人向反垄断机构提交经营者集中反垄断申报文件资料并经反垄断执法机构受理之后,反垄断执法机构应当在一定期限内决定其是否批准该项集中。为了尽早结束经营者集中的不确定状态,这个审查期限不宜过长。同时为了使审查机构有足够的时间进行审查,这个期限也不宜过短。各国反垄断法对经营者集中申报的审查期限一般分为两个阶段,第一阶段为初步审查,一般时间较短,多数为一个月左右。考虑到我国反垄断机构的执法经验并参考国际通行做法,《反垄断法》将第一阶段的审查期限规定为30日,与其他国家/地区法律规定的期限基本一致。

2. 进一步审查阶段

进一步审查又称第二阶段审查,在初步审查阶段截止日之前,如果反垄断执法机构认为集中交易可能对市场竞争产生不利影响或情况复杂在第一阶段未能完成审查的案件,则需进入进一步审查阶段,对核心问题进行深入审查。如果执法机构确认集中交易不会对市场竞争产生不利影响,则终止审查。如果执法机构确认集中交易将对市场竞争产生不利影响,通常会将发现的问题通知申报方,要求对方提出解决方案。如果申报方在规定期限内提出了解决方案,执法机构经过评估后,认为所提方案足以消除集中交易产生的竞争影响,则作出附加限制性条件批准决定,否则作出禁止决定。

进一步审查一般针对案情复杂的案件,因此审查期限相对较长,但是各国对该期限的规定各不相同,大多数国家/地区为3~4个月。我国反垄断法在参考各国规定和我国实际执法能力的情况下规定了90日的进一步审查期限。

3. 进一步审查阶段的延长

鉴于进入进一步审查阶段的经营者集中案件一般比

较复杂,各国反垄断法一般允许进一步审查期限的延长。《反垄断法》规定,国务院反垄断执法机构应当以书面方式,作出延长审查期限的决定,并将书面决定通知申报义务人。延长进一步审查期限的决定作出后,必须书面通知申报义务人,才可以发生效力。延长决定的作出并不意味着进一步审查90日审查期限终止计算,而是在该90日期限届满之后继续计算所延长的期限。《反垄断法》允许对审查时限进行延长,同时规定了延长的法定条件。这些条件包括:(1)经营者同意延长审查时限的。经营者同意延长审查期限,表明其放弃了期限利益,法律一般应当允许。(2)经营者提交的文件、资料不准确,需要进一步核实的。反垄断执法机构发现申报文件、资料的真实性、准确性存在疑问,尤其是在审查期限的后期提交或者发现该类问题,往往需要延长审查期限进一步核实。(3)经营者申报后有关情况发生重大变化的。由于经营者申报后有关情况发生重大变化,导致反垄断执法机构此前的审查工作全部或部分归于无效,需要针对新的情况另行调查和审查,因此往往需要延长审查期限。

(二)征求意见

在经营者集中审查过程中,反垄断执法机构可以根据需要征求有关政府部门、行业协会、经营者、消费者等单位或个人的意见。

首先,征求第三方意见并不是审查的必经程序,反垄断执法机构在需要的情况下可启动该程序。第二,征求意见的对象既可以是单位,也可以是个人,既可以是官方机构,也可以是非官方机构,还可以是经营者和消费者等。一般来说,依据经营者集中所在行业及其其他具体情况的不同,反垄断执法机构在审查过程中所选择的征求意见对象也会有所不同,一般为对相关行业比较熟悉以及对所涉及的专业问题有深入研究的单位和个人。反垄断执法机构在审查的过程中听取此类单位和个人的意见,将有助于其对所审查经营者集中涉及行业及业务问题的深入理解,从而对其是否具有或可能具有的竞争影响作出更为准确的判断。第三,反垄断执法机构视案件具体情形,既可在初步审查阶段亦可在进一步审查阶段征求意见。

(三)经营者的申辩

参与集中的经营者的申辩权对于集中审查程序的客观公正性至关重要,申辩权主要涉及参与集中的经营者陈述意见和申辩的渠道、方式和程序等内容。在审查过程中,参与集中的经营者可以通过信函、传真等方式向反垄断执法机构就有关申报事项进行书面陈述、申辩,反垄断执法机构应当听取当事人的陈述和申辩。在这个过程中,反垄断执法机构与相对方的有效沟通非常重要,包括申报人在内的参与集中的经营者均可主动就有关申报的事项向反垄断执法机构进行申辩和陈述,但该申辩和陈述应以书面方式进行。

(四)听证

在审查过程中,反垄断执法机构可以主动或应有关方面的请求决定召开听证会,调查取证,听取有关各方的意见。

首先,反垄断执法机构既可以主动亦可应有关方面的请求召开听证会,但是无论在哪种情况下,均应由反垄断执法机构决定是否召开并负责组织该听证会。召开听证会的,反垄断执法机构应提前以书面形式通知各参加方;第二,听证会的参加方并不固定,反垄断执法机构可依据所审查经营者集中具体情况的不同,确定听证会的参加方。听证会的参加方十分广泛,可以包括参与集中的经营者及其竞争者、上下游企业及其他相关企业,以及有关专家、行业协会、有关政府部门和消费者代表,但并不是每次听证会都要包括前述所有参加方,反垄断执法机构可以根据具体案件需要通知有关方面代表参加听证会。第三,听证会参加方基于商业秘密等保密因素考虑,希望单独陈述的,可以安排单独听证;安排单独听证的,听证内容应当按有关保密规定处理。单独听证程序的设置，为听证程序中商业秘密的保护提供了有效的保障。第四，听证会并不是经营者集中反垄断审查的必经程序，反垄断执法机构可依据所审查集中的具体情形决定是否举行听证会。听证程序的设置为经营者集中所涉各方陈述意见提供了程序保障，是充分保护经营者权利的重要方式。

（五）反对意见

反对意见是反垄断执法机构在审查过程中对并购交易表达的一种关注。反垄断执法机构做出禁止决定或者附加限制性条件批准决定之前，向申报方指出的集中交易可能产生的排除、限制竞争影响及理由，要求申报方在规定时间内进行抗辩。反垄断执法机构对其认为具有或可能具有排除、限制竞争影响的经营者集中提出反对意见是欧美等国竞争执法机构的通常做法。反对意见既可以在初步审查阶段也可以在进一步审查阶段提出，从各国执法实践来看，反对意见多数在深入审查阶段提出，在初步审查阶段提出反对意见的情况较少。在欧盟，反对意见既可以在初步审查阶段也可以在进一步审查阶段提出。根据法律规定，欧盟竞争执法机构认为经营者集中具有或者可能具有排除、限制竞争效果时，应当将其反对意见告知申报方。在第一阶段，通过召开情况通报会的方式向申报方当面表示对集中交易的关注;在第二阶段,以反对声明的方式,书面表达对竞争影响的关注和理由。根据我国相关法律规定,在进一步审查阶段,执法机构认为经营者集中具有或者可能具有排除、限制竞争效果的,应当将其反对意见告知申报方,并设定一个允许参与集中的经营者提交书面抗辩意见的合理期限。参与集中的经营者的书面抗辩意见应当包括相关的事实和理由,并提供相应的证据。参与集中的经营者逾期未提交书面抗辩意见的,应视为对反对意见无异议。

需要注意的是:首先,反垄断执法机构仅可在进一步审查阶段提出上述反对意见;第二,反垄断执法机构提出反对意见后,经营者可提交书面抗辩意见。经营者提交书面抗辩意见的期限并不是法定的,而是由反垄断执法机构依据个案情况确定一个合理的期限。

(六)保密制度

保密是经营者集中反垄断审查过程中一个非常重要的问题。保密信息关系到参与集中的经营者的重大商业利益,在某些情况下还可能涉及国家机密和国家利益。根据我国法律规定,反垄断执法机构、申报人以及其他单位和个人对于在经营者集中审查中知悉的商业秘密和其他需要保密的信息承担保密义务。反垄断执法机构工作人员滥用职权、玩忽职守、徇私舞弊或者泄露执法过程中知悉的商业秘密,构成犯罪的,依法追究刑事责任;尚不构成犯罪的,依法给予处分。上述规定体现了商业秘密及其他保密信息的保护在经营者集中反垄断审查中的重要性,也对执法机构、申报人及保密相关方提出了严格的要求,从而确保审查过程中相关利益得到充分的保护。

二、审查考虑因素

如前所述,对经营者集中进行反垄断审查的根本目标是防止其对相关市场产生排除、限制竞争影响。因此,反垄断执法机构对经营者集中竞争影响的实体评估是该审查的核心和根本。《反垄断法》第27条规定了执法机构在对经营者集中进行审查的过程中应考虑的因素,为反垄断执法机构进行上述评估提供了法律依据。在实践中,反垄断执法机构将依据经营者集中的具体情形,综合考虑各类相关因素,对经营者集中的竞争影响作出判断,并据此作出审查决定。

(一)参与集中的经营者在相关市场的市场份额及其对市场的控制力

市场份额是反映经营者对市场控制能力的最直观指标,是反垄断执法机构分析相关市场结构、经营者及其竞争者在相关市场中地位的重要因素。通常情况下,经营者在一个市场上的份额越高,其对该市场控制的能力就越强。根据《反垄断法》第19条,有下列情形之一的,可以推定经营者具有市场支配地位:(1)一个经营者在相关市场的市场份额达到二分之一的;(2)两个经营者在相关市场的市场份额合计达到三分之二的;(3)三个经营者在相关市场的市场份额合计达到四分之三的。但需要注意的是,经营者的市场份额和其对市场的控制力并没有必然联系。虽然市场份额在一定程度上可以说明经营者对市场的控制力的大小,但在有些情况下,即使经营者的市场份额较大,如果市场进入、潜在竞争者以及上下游市场竞争状况等其他因素对该竞争者形成压力和约束,该经营者对市场控制的能力就会大打折扣。因此,经营者在相关市场的市场份额是反垄断执法机构在审查过程中考虑的重要因素,但不是唯一的决定性因素。

在执法实践中,能否获得经营者的市场份额,直接关系到反垄断执法机构对经营者集中的竞争影响及时做出准确判断。根据法律规定,反垄断执法机构有权要求申报方在提交申报材料时对相关市场进行界定,并提供相关市场主要经营者及其市场份额等信息。实践中,当申报方没有现成的数据时,反垄断执法机构允许申报方对市场份额进行估算。为了确保估算的准确性和客观性,申报方须满足如下要求:一是说明估算的方法和依据,证明数据的合理性;二是提供独立第三方的研究报告和统计数据,对申报方的估算数据予以佐证。需要说明的是,不管申报方提供的市场份额数据是现成的还是估算的,反垄断执法机构均会根据案件的实际情况对数据进行评估与核实。

(二)相关市场的市场集中度

市场集中度是对相关市场的结构所作的一种描述,体现相关市场内经营者的集中程度。市场集中度是反垄断执法机构评估经营者竞争影响时应考虑的重要因素之一。集中度的数据对于判断经营者集中竞争影响非常重要,主要体现在两方面:一方面,集中实施前相关市场的集中度可以体现该市场原本的竞争结构和状况;另一方面,相关市场的集中度在集中实施前与集中实施后的差额反映了该项集中能够对竞争产生影响的程度。根据各国执法实践经验,通常情况下,相关市场的市场集中度越高,集中后市场集中度的增量越大,集中产生排除、限制竞争效果的可能性越大;反之,集中产生排除、限制竞争效果的可能性就越小。

衡量集中度的方法主要有两种:一是赫芬达尔—赫希曼指数(简称 HHI 指数);二是 CRn 指数。所谓 HHI 指数,等于集中所涉相关市场中每个经营者市场份额的平方之

173

和;所谓 CRn 指数,等于集中所涉相关市场中前 N 家经营者市场份额之和。相对于 CRn 指数,HHI 指数全面反映了市场中各经营者的市场份额,尤其注重较大经营者的市场份额,比较客观地反映了较大经营者在市场竞争的重要地位。

在经营者集中审查执法实践中,经营者集中以后市场集中度的 HHI 指数及其在集中发生前后 HHI 指数的变量,对初步判断经营者集中是否产生排出、限制竞争的可能性具有指导意义。经营者集中后 HHI 指数小于 1000 的市场,市场集中度较低,一般不会产生排除、限制市场竞争的效果。实施反垄断制度较早的一些国家/地区,根据本国市场特点和经济发展水平,在长期执法实践经验基础上总结出办案规律,对那些不大可能产生排除、限制竞争效果的集中,假定了集中后 HHI 指数最低标准:美国和日本为 1500,韩国为 1200,英国和欧盟为 1000。由于《反垄断法》实施的时间较短,执法经验还有待积累,我国执法机构目前尚未设定明确的 HHI 指数标准。

(三)经营者集中对市场进入的影响

经营者集中可能提高相关市场的进入壁垒,集中后经营者可能行使其通过集中而取得或增强的市场控制力,通过控制生产要素、销售渠道、技术优势、关键设施等方式,使其他经营者进入相关市场更加困难。实践中,经营者集中对市场进入的影响有多种表现形式。如果经营者集中可能阻碍和限制其他经营者进入拥有进入某产业必须的关键技术或重要资源,则会影响市场进入,阻碍其他相关经营者有效参与市场竞争;经营者集中还可能提高竞争对手的成本,以削弱竞争对手的市场竞争能力,损害市场有效竞争。

市场进入的难易是评估经营者集中是否具有或可能具有排除、限制竞争影响的重要考虑因素。容易的市场进入会构成对经营者市场控制力的抵消因素。如果集中后经营者在相关市场的市场份额过高或者导致相关市场的集中度明显增强,并且达到了可能产生排除、限制竞争影响的程度,只要相关市场的进入非常容易,那么集中后经营者就不具有控制市场价格或产量/销售量等竞争要素的能力,因此集中不会对相关市场产生排除、限制竞争影响。换句话说,容易的市场进入将形成对集中后经营者的重大竞争约束,从而能够有效防止排除、限制竞争影响的发生。因此,实践中,在经营者集中导致经营者的市场份额大幅度增加或者市场集中度大幅度上升的情况下,市场进入是否容易可能构成集中能否得到批准的决定性因素。

（四）经营者集中对技术进步的影响

在反垄断审查的过程中，经营者集中对技术进步的影响可能成为执法机构的一个考虑因素。实际上，对技术进步的促进属于各国在其经营者集中控制制度中广泛适用的效率制度的范畴。与作为不利竞争影响的抵消因素的市场进入不同，效率一般是作为抗辩因素在经营者集中控制制度中发挥作用的。具体来说，如果一项经营者集中具有或可能具有排除限制竞争影响，同时又能够产生巨大的效率，则竞争执法机构可能会考虑该效率在评估不利竞争影响方面的意义。该制度的适用因经营者集中行业的具体情况及其在经济发展中的作用不同而有所不同。依据《反垄断法》第28条的规定，即使经营者集中具有或可能具有一定的排除、限制竞争影响，如果其能够促进技术进步，并且此种积极影响明显大于对竞争的消极影响，则其亦可能获得反垄断执法机构的批准。由此可以看出，对技术进步的考虑实际上是对经营者集中的竞争影响和所产生的效率进行权衡的过程，但是并不是对所有集中的反垄断评估都会涉及这个因素。

一般来说，在经营者集中审查中可以从以下几个角度考虑技术进步因素：首先，经营者集中是不是实现该技术进步的必要条件；第二，是否存在一个对竞争危害更小但是能够实现技术进步的途径;第三,经营者集中涉及的行业;第四,经营者集中对技术进步的促进是否大于其对竞争的损害。此外,技术进步是否具有足够重大的意义,并且能够达到可以容忍某种不利竞争影响的程度,是判断是否应该考虑该因素的基本点。由于经营者集中所涉及行业及其具体情况的多样性,审查机构在个案中赋予该因素的权重可能有所不同。但是,经营者集中也可能通过以下方式对技术进步产生消极影响:减弱参与集中的经营者的竞争压力,降低其技术创新的动机和投入;参与集中的经营者也可能通过集中提高其市场控制力,阻碍其他经营者对相关技术的投入、研发和利用。一般来说,执法机构将会寻找既能够实现技术进步又能够避免不利竞争影响发生的解决办法。

(五)经营者集中对消费者的影响

《反垄断法》第27条第4项将经营者集中对消费者的影响作为审查经营者集中应当考虑的因素之一。经营者集中是否具有或者可能具有排除、限制竞争的效果,除了通过市场份额、市场集中度等因素进行分析,还可以通过对消费者的影响反映出来。如果集中的结果是降低了产品价格,提高了产品质量,使得消费者从中获得利益,那么该集中一般不具有排除、限制竞争的效果。需要说明的是,审查经营者集中对消费者的影响时,不仅要考虑集中后的短期影响,更要考虑长远影响。

从法理来看,经营者集中可提高经济效率、实现规模经济效应和范围经济效应、降低产品成本和提高产品多样化,从而对消费者产生积极影响。相反,集中也可能提高参与集中经营者的市场控制力,增强其采取排除、限制竞争行为的能力,使其更有可能通过提高价格、降低质量、限制产销量、减少科技研发投资等方式损害消费者利益。

从各国执法实践来看,经营者集中对消费者的影响可能涵盖以下两个方面:第一,从宏观角度看,经营者集中越能够增加消费者福利,则其越可能被认为对竞争产生正面影响。第二,在微观角度看,经营者集中越是有利于提高产品质量,降低消费者采购产品价格、增加消费者的选择范围,则越可能被认为有利于增加消费者福利。换言之,如果集中被认为是排除、限制竞争性质的,通常被认为该集中可能会产生提高产品价格、减低产品质量的效果,从而会对消费者利益造成损害。

(六)经营者集中对其他有关经营者的影响

《反垄断法》第27条规定了在对经营者集中进行评估的过程中,对其他有关经营者的影响应作为考虑因素之一。对于何为其他有关经营者,反垄断法及目前已出台的配套法规中均未明确规定,依据各国反垄断审查的实践,其他与经营者集中有关的经营者不仅应包括与集中方在同一相关市场进行竞争的经营者,还应包括在相关市场的上游和下游市场进行竞争的经营者,依据个案的情况,还可能包括在相邻市场进行竞争的竞争者。经营者集中对该类经营者的影响在一定程度上能够说明其是否具有或可能具有排除、限制竞争影响。如果某项集中产生的后果,相关经营者不仅有能力将产品价格和/或产量控制在竞争水平以上/以下,还能够对上游厂商或下游销售商、甚至是相邻市场的竞争者施加影响,使其被动接受不公平的交易条件或者挤占其市场空间,从而剥夺了其公平参与市场竞争的权利,该项经营者集中很可能具有排除、限制竞争影响。相反,如果在相关市场的上游或下游市场存在一个强有力的供应商或者购买商,即使集中导致集中后经营者在相关市场的市场份额大幅度增加或者集中度大幅度提高,该经营者也不会具有提高相关产品价格、获取垄断利润的能力,则该项经营者集中产生排除、限制竞争影响的可能性较小。

(七)经营者集中对国民经济发展的影响

经营者集中对国民经济发展的影响是对经营者集中所产生影响进行评估的重要考虑因素。《反垄断法》也对

179

此作出了明确规定,其目的是从宏观角度、在更高层次上维护市场竞争的有效性。这与反垄断法维护社会公共利益和促进社会主义市场经济健康发展是一脉相承的。《反垄断法》并没有对国民经济发展因素涉及的具体方面进行规定。经营者集中对国民经济发展的影响,有赖于反垄断执法机构出台进一步的配套法规加以明确和细化。

（八）反垄断执法机构认为应当考虑的影响市场竞争的其他因素

依据《反垄断法》第 27 条的规定,反垄断执法机构在经营者集中审查的过程中,除了规定的考虑因素外,还可考虑其认为应当考虑的影响市场竞争的其他因素。需要注意的是,这里所指的其他因素仅限于影响竞争的因素,不包括非竞争考量的其他因素,对后者的考虑是其他法律和政策需要解决的问题。由于经营者集中所涉行业的多样性以及市场主体竞争手段的不断推陈出新,对其竞争影响评估所涉及的因素无法穷尽,因此以上规定不但是必要的,而且体现了我国反垄断执法的前瞻性。

第五节　经营者集中的审查决定

审查决定由反垄断执法机构作出,是经营者集中控制程序进入某个阶段或完结的标志。《反垄断法》第28条至第30条对审查决定的相关内容进行了规定。

一、审查决定的种类

反垄断执法机构对经营者集中进行反垄断审查,应作出审查决定。从作出审查决定的阶段上讲,审查决定分为在初步审查阶段作出的审查决定和在进一步审查阶段作出的审查决定。从审查决定的内容上讲,审查决定可分为禁止决定和不予禁止决定,后者包括无条件同意和附加限制性条件同意。需要说明的是,在初步审查阶段,执法机构可以做出不实施进一步审查的决定和实施进一步审查的决定,但是后者并不是审查的最终决定。

《反垄断法》第30条规定:"国务院反垄断执法机构应当将禁止经营者集中的决定或者对经营者集中附加限制性条件的决定,及时向社会公布。"显然,对于无条件同意的经营者集中决定,《反垄断法》没有要求反垄断执法机构向社会公布。但是,对于禁止经营者集中的决定或者附加限制性条件的决定,则必须及时向社会公布。

（一）禁止经营者集中的决定

《反垄断法》第26条规定："国务院反垄断执法机构决定实施进一步审查的,应当自决定之日起90日内审查完毕,作出是否禁止经营者集中的决定,并书面通知经营者。作出禁止经营者集中的决定,应当说明理由。审查期间,经营者不得实施集中。"据此,反垄断执法机构只能在进一步审查阶段做出禁止集中的决定。一般来说,反垄断执法机构经审查认为经营者集中具有或者可能具有排除、限制竞争影响的,则可能做出禁止该项集中的决定。反垄断执法机构做出禁止集中的决定的,在决定作出之前,经营者不得实施集中。从国外执法实践来看,反垄断执法机构只有在极个别情况下才会做出禁止决定,通常需要同时满足两个条件:一是经过审查,集中被认定很可能对某个相关市场竞争产生排除、限制竞争的效果;二是申报方在审查期限和规定时间内没有做出承诺或者所做承诺不足以消除竞争影响。如果一项集中在具有或可能具有不利竞争影响的同时还能够产生经济效率或者被认定为符合社会公共利益,反垄断执法机构通常会要求申报方提供有效的救济方案,在没有提出有效救济方案的情况下,反垄断执法机构才会做出禁止性的决定。通常情况下,做出禁止性决定时,反垄断执法机构应当说明理由。在这方面,我国也是如此。根据《反垄断法》第 26 条的规定,反垄断执法机构做出禁止经营者集中的决定应当说明理由。

(二)无条件同意经营者集中的决定

原则上说,如果反垄断执法机构经审查认为经营者集中不具有排除、限制竞争影响,应作出同意集中的决定,此类决定可以在任何审查阶段做出。实践中,各国竞争执法机构对多数申报的经营者集中都会做出此类决定。如果执法机构在初步审查阶段依据申报人提交的材料,在综合考虑相关因素后,能够判定其所申报的集中明显不具有排除、限制竞争的影响,则一般会在该阶段做出同意该项集中的决定。在经营者集中所涉问题较为复杂的情况下,则可能会进入进一步审查阶段,但这并不一定会导致该项集中被禁止。如果执法机构经过进一步审查,能够判定所审查的经营者集中不具有排除、限制竞争影响,则应在进一步审查阶段做出同意该项集中的决定。在少数情况下,执法机构还有可能在延长进一步审查阶段作出该类决定。也就是说,是否同意一项经营者集中并不是依据审查阶段决定的,而是依据执法机构对经营者集中影响竞争的评估结果决定的。依据《反垄断法》第 25 条的规定,如果反垄断执法机构在初步审查决定做出不予进一步审查的决定,即同意集中的决定的,应书面通知经营者。如果反垄断执法机构在初步审查阶段逾期未做出决定的,参与集中的经营者可以实施集中,亦即视为反垄断执法机构已经同意了该项集中。

(三)附加限制性条件批准经营者集中的决定

根据《反垄断法》第28条和第29条的规定,经营者集中具有或者可能具有排除、限制竞争效果的,反垄断执法机构应当作出禁止经营者集中的决定。但是,经营者能够证明该集中对竞争产生的有利影响明显大于不利影响,或者符合社会公共利益的,反垄断执法机构可以作出对经营者集中不予禁止的决定。对不予禁止的经营者集中,反垄断执法机构可以决定附加减少集中对竞争产生不利影响的限制性条件。一般情况下,对于具有或可能具有排除、限制竞争影响的集中,如果通过附加一定的限制性条件能够避免其产生此类影响,反垄断执法机构可能会做出上述决定。附加限制性条件批准经营者集中的决定是三类决定中最为复杂的一类决定,因为反垄断执法机构在其中除了应确定所附加的限制性条件的种类之外,还须纳入保障该限制性条件执行的内容。反垄断执法机构要做出附加限制性条件的决定通常需要展开深入的调查和评估,并与集中方进行协商,以对救济措施达成一致。

1.限制性条件的种类

　　根据经营者集中交易具体情况,限制性条件可以包括如下种类:(1)剥离参与集中的经营者的部分资产或业务等结构性条件,结构性条件的实施较为有保障,并且监督成本较低,因此为各国反垄断执法机构广泛使用;(2)参与集中的经营者开放其网络或平台等基础设施、许可关键技术(包括专利、专有技术或其他知识产权)、终止排他性协议等行为性条件,行为性条件的内容通常比较复杂,监督成本较高,并且通常没有可靠的监督保障。因此,各国的反垄断执法机构只有在结构性条件无法有效解决竞争关注问题的情况下,才会接受该类条件;(3)结构性条件和行为性条件相结合的综合性条件,在综合性条件中,行为性条件通常是作为结构性条件的辅助办法适用的,目的是进一步加强后者在实施方面的有效性。

　　2.限制性条件的效果要求

　　限制性条件应由参与集中的经营者向反垄断执法机构提出,但应由反垄断执法机构决定是否接受该限制性条件。参与集中的经营者提出的限制性条件应当能够消除或减少经营者集中具有或者可能具有的排除、限制竞争效果,并具有现实的可操作性。限制性条件的书面文本应当清晰明确,以便于能够充分评价其有效性和可行性。

　　3.限制性条件的实施

限制性条件是否具有实施的保障是其能否避免集中产生排除、限制竞争影响的决定性因素。

为了保障限制性条件能够得到切实的执行,相关规定设置了监督受托人、剥离受托人和拟剥离业务或资产的管理人制度。监督受托人受剥离义务人委托,在反垄断执法机构的监督下,负责对业务剥离进行全程监督,并向反垄断执法机构提交评估和监督报告;剥离受托人是剥离义务人在法定期限内无法完成资产、业务剥离的情况下,代替剥离义务人寻找买方并就业务或资产的出售达成相关协议,保障剥离能够在规定的期限内得以实施的自然人、法人或其他组织;管理人负责在拟剥离的资产或业务确定后,剥离真正实施之前,保障拟剥离的业务和资产能够得到合理的经营。反垄断执法机构对剥离义务人提交的监督受托人、剥离受托人、剥离业务买方人选、委托协议和拟签订的剥离业务出售协议及相关协议等进行评估,以确保其符合审查决定的要求。

此外,剥离业务的买方或潜在买方应满足一定的条件。买方应满足的条件包括:独立于参与集中的经营者,与其不存在实质性利害关系;拥有必要的资源、能力并有意愿维护和发展被剥离业务;购买剥离业务不会产生排除、限制竞争的问题;如果购买剥离业务需要其他有关部门的批准,买方应当具备取得其他监管机构批准的必要条件。

二、审查决定的执行

依据经营者集中审查决定种类的不同,其法律效果也各不相同。对于同意经营者集中的决定,经营者可直接实施所申报的经营者集中。对于禁止经营者集中的决定,经营者则不得实施所申报的集中,如果经营者实施了该集中的,则属于违反《反垄断法》实施集中的行为,应按照该法的相关规定处理。对于附加限制性条件批准经营者集中的决定,由于限制性条件的内容可能不同,所以经营者可能应在履行限制性条件所规定的义务之前实施集中,也可能应在其履行该义务之后实施集中,还可能应在该义务履行期间实施集中。无论是哪种情况,经营者未按照限制性条件的规定实施集中的,均构成违反《反垄断法》实施集中的情形。对于附加限制性条件批准的经营者集中,反垄断执法机构应当对参与集中的经营者履行限制性条件的行为进行监督检查,参与集中的经营者应当按指定期限向反垄断执法机构报告限制性条件的执行情况。参与集中的经营者未依限制性条件履行规定义务的,反垄断执法机构可以责令其限期改正;参与集中的经营者在规定期限内未改正的,反垄断执法机构可以依照《反垄断法》相关规定予以处理。

第五章　滥用行政权力排除、限制竞争

第一节　概　述

一、滥用行政权力排除、限制竞争的概念

根据我国《反垄断法》的规定,滥用行政权力排除、限制竞争是指行政机关和法律、法规授权的具有管理公共事务职能的组织滥用行政权力排除、限制竞争的行为。

上述规定明确了滥用行政权力排除、限制竞争行为的主体和行为方面的基本特征:就主体特征而言,滥用行政权力排除、限制竞争的主体既包括行政机关,又包括经法律、法规授权的具有管理公共事务职能的组织;就行为特征而言,滥用行政权力排除、限制竞争中滥用行政权力这一行为,既包含具体的行政行为,如对于行政相对人的行政处罚措施等,也包括抽象的行政行为,如制定含有排除、限制竞争内容的规定。滥用行政权力排除、限制竞争的核心在于通过行政手段使市场竞争机制受到影响,从而损害

市场资源配置和利用的效率。从性质上讲,滥用行政权力排除、限制竞争行为是对行政权力的滥用,是行政机关超越其合法权限行使行政权力,其行为是一种缺乏法律依据的行政行为。所以,滥用行政权力排除、限制竞争行为首先是一种行政违法行为,应该受到行政法上的谴责和制止;其次,由于滥用行政权力排除、限制竞争是直接通过行政权力干预市场竞争的行为,其产生的后果与经济性的垄断行为是相同的,即损害市场自由竞争机制,其结果也是降低经济效率,减损消费者的福利,因此应当受到反垄断法的规制。

滥用行政权力排除、限制竞争的本质可以从以下几个方面加以解读和分析。

（一）滥用行政权力排除、限制竞争的主体

根据我国《反垄断法》的规定,滥用行政权力排除、限制竞争行为的主体可以分为两类,一类是行政机关,包括中央行政机关和地方行政机关,含地方各级人民政府及中央和地方各级政府所属的行政部门。另一类是依法律、法规授权行使职权的组织,如事业单位、社会团体及其他组织。这类组织本身不属于行政机关,但通过法律、行政法规和地方性法规的授权而享有行政权力、行使行政管理职能的组织。上述组织与行政机关一样以自己的名义行使

189

行政管理权,同时独立承担由此引起的法律后果。此外,行政机关可以依法委托社会组织行使若干职权,这些社会组织以委托机关名义行使管理公共事务的职能,这时,它们只是以委托机关名义而非自己的名义实施行政行为。这种情形下,被委托组织滥用行政权力排除、限制竞争的行为应视为委托授权的行政机关所为,由此引起的后果由委托机关承担。

(二)滥用行政权力排除、限制竞争的分类

行政行为可分为具体行政行为和抽象行政行为两类。所谓具体行政行为,是指在行政管理过程中,针对特定的人或事所采取具体措施的行为,其行为的内容和结果将直接影响特定个人或组织的权益。具体行政行为一般包括行政许可、行政监督(检查)、行政处罚、行政确认(登记)、行政强制、行政给付、行政裁决、其他具体行政行为(如行政命令、行政指导、行政计划、行政奖励、行政规划等)。

抽象行政行为,是指行政机关以不特定的人或事为行政管理的对象,制定具有普遍约束力的规范性文件的行为。如制定行政法规、规章和其他行政规范性文件等。

滥用行政权力排除、限制竞争的实质是行政权力主体通过各种行政手段设置市场壁垒或者限定交易排除、限制竞争。滥用行政权力排除、限制竞争的主要方式既包含在实施的各类具体行政行为中，也包括在制定规范性文件等抽象行政行为中。

1.通过具体行政行为排除、限制竞争。在市场经济中，竞争者应当是提供不同商品和服务的经营者之间的竞争，具体体现为商品或服务在价格、质量等方面的相互较量。但在滥用行政权力排除、限制竞争的情形中，政府部门却直接参与或者干预商品和服务的生产和流通，对竞争进行不适当的限制。例如，行政机关或者具有行政管理的组织利用享有的行政管理职能，限定或者变相限定经营者的经营活动，强制性地要求经营者购买、使用其指定的经营者提供的商品；或者对外地商品采取歧视性技术措施，专门针对外地商品的行政许可以及阻碍外地商品进入或者本地商品运出等方式，达到限制商品在不同行政区域之间的自由流动的目的；更有甚者，通过排斥或者限制外地经营者参加本地的招标投标活动、在本地投资或者设立分支机构等行为，使得外地商品无法进入本地市场进行公平竞争。这些具体行政行为的行使，使得本来可以进行自由竞争的市场，成为在行政权力直接影响下的地方保护或行业保护的垄断性市场。

2.通过抽象行政行为排除、限制竞争。行政机关通过

191

制定含有排除、限制竞争内容的规定,从制度上对某一特定市场的竞争加以限制,将该市场变为垄断性市场。滥用行政权力排除、限制竞争的具体行政行为与抽象的行政行为密不可分,许多具体的排除、限制竞争的行政行为正是通过一些行政性规定才能得以实施的。

二、禁止滥用行政权力排除、限制竞争的意义

依法禁止滥用行政权力排除、限制竞争的行为,对建立统一、开放、竞争、有序的现代市场体系,保护经营者、消费者的利益具有重要的现实意义。

(一)有利于维护市场竞争机制

市场经济本质上是一种竞争经济,为了维护竞争的有序和有效,必须建立起自由、平等的竞争秩序。但滥用行政权力排除、限制竞争却起着破坏自由、平等的竞争秩序的作用。一方面,由于排除了应有的正当竞争,受行政权力不当保护的行业或经营者缺乏竞争压力,从而缺乏创新动力,继而造成经营效率无法得到提高;另一方面,优秀的经营者因行政权力的不当阻止而难以在竞争中脱颖而出,优胜劣汰的机制不能发挥作用。由此可见,滥用行政权力排除、限制竞争对市场经济的发展有着极大的消极影响,它不仅损害了市场经济的竞争机制,还严重阻碍了产业的进步与发展。

（二）有利于提高经济运行效率

滥用行政权力排除、限制竞争一方面表现为利用行政权力排挤竞争,阻碍竞争者进入市场,另一方面则表现为维持现状,保护落后,遏制创新。后者往往是前者的动因所在。在行政权力保护下的经营者或行业,由于长期处于缺乏外部竞争的环境中,导致内在创新机制减弱,经营效率低下。《反垄断法》禁止滥用行政权力排除、限制竞争,正是为了削弱和消除这种以牺牲社会整体效率为代价、追求短期个别利益的做法,有利于社会经济的持续健康发展。

（三）有利于行政权力的正当行使

在激烈的市场竞争中,各级行政机关也有可能因其自身利益的追求而夸大或促进与它有着利益关系的经营者的发展,排除、限制其他竞争者的公平竞争。同时,经营者也希望得到行政权力的保护,获得政府的政策援助。因此,从表面上看,行政机关通过制定含有排除、限制竞争内容的规定促进某些地区或行业经营者的发展,实际上是行政权力与经营者为利益而达成的共识,在我国普遍存在的地区保护等滥用行政权力排除、限制竞争现象,正是这种共识的结果。因此,通过禁止滥用行政权力排除、限制竞争的行为,一方面可以保障市场竞争,同时也对正当行使行政权力具有重大意义。

(四)有利于增进消费者福利

通过市场竞争,消费者本可以充分享受质优价廉的商品或服务,但滥用行政权力排除、限制竞争将剥夺对消费者可能获得的利益。滥用行政权力排除、限制竞争往往表现为用行政命令的方式限制一定领域市场主体的生产经营,或者强迫市场主体从事(或不从事)某种交易,从而使市场主体的经营权遭受了严重的损害,这种损害最终体现在消费者福利的丧失或减少上。由于滥用行政权力排除、限制竞争行为以行政权力作为依托,使得消费者的弱势地位进一步加剧。由此可见,依法禁止滥用行政权力排除、限制竞争的行为,对于维护消费者的合法权益至关重要。

三、禁止滥用行政权力排除、限制竞争的法律规定

我国《反垄断法》虽然没有直接界定滥用行政权力排除、限制竞争的概念,但该法通过具体列举的方式作了规定。《反垄断法》首先在第一章总则的第 8 条对滥用行政权力排除、限制竞争进行了禁止性规定:"行政机关和法律、法规授权的具有管理公共事务职能的组织不得滥用行政权力,排除、限制竞争。"在专门规定滥用行政权力排除、限制竞争的第五章中,又以列举的方式规定了一系列法律所禁止的滥用行政权力排除、限制竞争的具体表现形式,包括行政机关和公共组织不得滥用行政权力,以任何方式限定或者变相限定单位和个人只能经营、购买、使用指定的经营者提供的商品,行政机关和公共组织不得滥用行政权力,妨碍商品在地区之间自由流通和充分竞争、设定歧视性标准、排斥或者限制外地经营者在参加本地的招投标活动、不平等待遇排挤外地经营者,行政机关不得滥用行政权力,制定含有排除、限制竞争内容的规定,等等。

第二节　我国规制滥用行政权力排除、限制竞争的历史沿革

一、规制滥用行政权力排除、限制竞争的起步

从 1978 年我国制定改革开放政策开始,一直到 1992 年中国共产党第十四次代表大会提出建立社会主义市场经济体制的目标,这段期间可以视为我国规制滥用行政权力排除、限制竞争的起步阶段。

1980 年,国务院公布了第一部关于保护市场竞争的行政法规——《关于开展和保护社会主义竞争的暂行规定》,首次提出了反垄断特别是反对滥用行政权力排除、

限制竞争的任务,对开展和保护社会主义竞争的必要性、打破地区封锁和行业垄断、采取合法手段进行竞争等问题作了原则性规定。该规定指出:"在经济活动中,除国家指定由有关部门和单位专门经营的产品以外,其余的不得进行垄断、搞独家经营","开展竞争必须打破地区封锁和部门分割。任何地区和部门都不准封锁市场,不得禁止外地商品在本地区、本部门销售。对本地区出产的原材料必须保证按国家计划调出,不准进行封锁。工业、交通、财贸等有关部门对现行规章制度中妨碍竞争的部分,必须进行修改,以利于开展竞争。采取行政手段保护落后,抑制先进,妨碍商品正常流通的做法,是不合法的,应当予以废止。"此后,一系列有关保护竞争的政策与法规陆续出台。

1990年11月,国务院发布了《关于打破地区间市场封锁进一步搞活商品流通的通知》,提出为了打破地区间的市场封锁,进一步搞活商品流通,"要确保商品流通畅通无阻。各地区、各部门不得擅自在道路、车站、码头、省区边界设关卡,阻碍商品的正常运输"。"各地区、各部门应自觉制止和纠正地区封锁的错误做法,集中力量抓好经济结构的调整。要根据平等互利的原则,积极促进地区之间的经济、技术协作,加强横向联系,进一步搞活商品流通。物资、商业和供销部门要相互协作,积极开拓农村市场,保证商品在城乡之间畅通无阻。各地区、各部门制定的凡与本通知精神不符的有关规定要一律废止,立即撤销所有限制外购商品的审批机构和封锁外地商品流通的关卡。同时,要坚决反对流通领域的不正之风,严禁用不正当的手段推销商品。在本通知发布后仍继续搞地区封锁的,要追究有关领导者的责任。"自此,我国开始逐步运用法律手段来规制滥用行政权力排除、限制竞争的行为。

二、规制滥用行政权力排除、限制竞争的发展

1992年中国共产党第十四次代表大会提出了建立社会主义市场经济体制的目标,十四届三中全会又通过了《关于建立社会主义市场经济体制若干问题的决定》,中国的市场化改革在各个领域全面推进。为了保护和促进有效的市场竞争,维护消费者利益和社会公共利益,促进社会主义市场经济健康发展,关于规制滥用行政权力排除、限制竞争方面的立法也进入了重要时期。

1993年公布的《反不正当竞争法》规定的不正当竞争行为中,专门对滥用行政权力排除、限制竞争作了规定:"政府及其所属部门不得滥用行政权力,限定他人购买其指定的经营者的商品,限制其他经营者正当的经营活动。政府及其所属部门不得滥用行政权力,限制外地商品进入本地市场,或者本地商品流向外地市场。"这是我国第一次在法律上对禁止滥用行政权力排除、限制竞争行为进行了规定。该法第30条还对滥用行政权力排除、限制竞争的法律责任首次作出了规定:"政府及其所属部门违反本法第7条规定,限定他人购买其指定的经营者的商品、限制其他经营者正当的经营活动,或者限制商品在地区之间正常流通的,由上级机关责令其改正;情节严重的,由同级或者上级机关对直接责任人员给予行政处分。"《反不正当竞争法》的这一规定,标志着对滥用行政权力排除、限制竞争的规制得到了进一步的重视。

1997年公布的《价格法》也对滥用行政权力不正当干预市场价格的行为规定了法律责任。《价格法》第45条规定:"地方各级人民政府或者各级人民政府有关部门违反本法规定,超越定价权限和范围擅自制定、调整价格或者不执行法定的价格干预措施、紧急措施的,责令改正,并可以通报批评;对直接负责的主管人员和其他直接责任人员,依法给予行政处分。"这使得政府部门滥用行政权力不正当干预市场价格的行为在法律上有了予以规制的依据。之后,原国家计委还发布了《关于认真贯彻〈价格法〉严格规范市场价格竞争秩序的通知》,其中规定,"对行业主管部门非法干预企业自主定价权的行为,价格主管部门要依法及时予以纠正,保护企业自主定价的合法权益"。

三、规制滥用行政权力排除、限制竞争的进一步完善

2000 年起,随着要求公平竞争和破除垄断的呼声日益强烈,规制滥用行政权力排除、限制竞争的立法更趋于完善,滥用行政权力排除、限制竞争行为得到有效制止。其中,多部法律涉及对滥用行政权力排除、限制竞争的规制。如2000 年7 月8 日,《产品质量法》经全国人民代表大会常务委员会修订通过,其中第11 条对地方性的滥用行政权力排除、限制竞争作出了规定:"任何单位和个人不得排斥非本地区或者非本系统企业生产的质量合格产品进入本地区、本系统。"2004 年7 月1 日起施行的《行政许可法》第15 条明确规定,"地方性法规和省、自治区、直辖市人民政府规章……其设立的行政许可,不得限制其他地区的个人或者企业到本地区从事生产经营和提供服务,不得限制其他地区的商品进入本地区市场"。

除了法律明文规定以外,国务院公布的行政法规也针对滥用行政权力排除、限制竞争进行了具体明确的规定。如2001 年4 月21 日,国务院公布了《关于禁止在市场经济活动中实行地区封锁的规定》,其中第4 条规定:地方各级人民政府及其所属部门(包括被授权或者委托行使行政权的组织)不得违反法律、行政法规和国务院的规定,实行下列地区封锁行为：(1)以任何方式限定、变相限定单位或者个人只能经营、购买、使用本地生产的产品或者只能接受本地企业、指定企业、其他经济组织或者个人提供的服务；(2)在道路、车站、港口、航空港或者本行政区域边界设置关卡，阻碍外地产品进入或者本地产品运出；(3)对外地产品或者服务设定歧视性收费项目、规定歧视性价格，或者实行歧视性收费标准；(4)对外地产品或者服务采取与本地同类产品或者服务不同的技术要求、检验标准，或者对外地产品或者服务采取重复检验、重复认证等歧视性技术措施，限制外地产品或者服务进入本地市场；(5)采取专门针对外地产品或者服务的专营、专卖、审批、许可等手段，实行歧视性待遇，限制外地产品或者服务进入本地市场；(6)通过设定歧视性资质要求、评审标准或者不依法发布信息等方式限制或者排斥外地企业、其他经济组织或者个人参加本地的招投标活动；(7)以采取同本地企业、其他经济组织或者个人不平等的待遇等方式，限制或者排斥外地企业、其他经济组织或者个人在本地投资或者设立分支机构，或者对外地企业、其他经济组织或者个人在本地的投资或者设立的分支机构实行歧视性待遇，侵害其合法权益；(8)实行地区封锁的其他行为。

2001年4月，国务院发布《关于整顿和规范市场经济秩序的决定》，其中多次提到了打击地方保护主义以及规制滥用行政权力排除、限制竞争的行为。该决定规定："十五时期整顿和规范市场经济秩序的主要内容包括以下几个方面：……7. 打破地区封锁和部门、行业垄断。查处行政机关、事业单位、垄断性行业和公用企业妨碍公平竞争，阻挠外地产品或工程建设类服务进入本地市场的行为，以及其他各种限制企业竞争的做法"，"打破地方封锁和行业垄断。彻底清理并废除各地区、各部门制定的带有地方封锁和行业垄断内容的规章。禁止任何单位或个人违反法律、行政法规，以任何形式阻挠、干预外地产品或工程建设类等服务进入本地市场，或者对阻挠、干预外地产品或工程建设类等服务进入本地市场的行为纵容、包庇，限制公平竞争。进一步加快垄断行业的改革和重组，推进政企分开，强化竞争机制，推行现代化服务方式，实现规模经营。"重申了我国政府规制滥用行政权力排除、限制竞争行为的决心和重视程度。

2007 年《反垄断法》的公布具有里程碑的意义。该法专章规定了对滥用行政权力排除、限制竞争的法律规制，全面地涵盖了我国目前滥用行政权力排除、限制竞争的主要表现形式。这意味着我国法律对滥用行政权力排除、限制竞争的规制有了基本法的依据。

第三节　滥用行政权力排除、限制竞争的表现形式

依据《反垄断法》的规定,滥用行政权力排除、限制竞争有以下几种表现形式。

一、限定或者变相限定交易

我国《反垄断法》第 32 条规定:"行政机关和法律、法规授权的具有管理公共事务职能的组织不得滥用行政权力,限定或者变相限定单位或者个人经营、购买、使用其指定的经营者提供的商品。"

在市场经济体制下,商品交易是市场竞争最直接的方式。经营者享有自主经营的权利,消费者也享有对商品的自由选择权利。如果行政机关或授权的组织限定或变相限定单位和个人只能经营、购买、使用指定经营者提供的商品,则限制了与被指定经营者的商品具有竞争关系的商品进入市场的机会,排除了被指定商品市场上的竞争,损害了非指定经营者的公平竞争权利。如个别教育部门和公安交通部门就曾经出现过滥用行政权力限定单位或者个人购买、使用其指定的经营者的学习用品、交通用品等现象。如某县的教育局在新生报到时规定所有新生必须

提交由指定照相馆拍摄的 2 寸登记照,否则将因为规格不合而不能办理学籍登记。为此,该县所有的新入学学生都只能以高于其他照相馆的价格拍摄登记照。该行为不仅给学生带来极大不便,也损害了该县摄影业经营者的权益。

二、妨碍商品在地区之间自由流通

《反垄断法》第 33 条规定:"行政机关和法律、法规授权的具有管理公共事务职能的组织不得滥用行政权力,实施下列行为,妨碍商品在地区之间的自由流通。"该条列举了典型的妨碍商品在地区之间自由流通的行为如下:

1. 对外地商品设定歧视性收费项目、收费标准,或者规定歧视性价格。行政机关或法律、法规授权的具有管理公共事务职能的组织,出于管理社会公共事务的目的,通常会针对某类商品或其生产者、销售者征收一定的费用。这种费用是该商品的销售成本之一,会最终体现在商品的销售价格中。因此,根据公平竞争的原则,收取这些费用应当一视同仁,如果将本地商品和外地商品进行区分,对外地商品设定歧视性收费项目、收费标准,那么必然会抬升外地商品的成本,从而削弱该类商品在本地区的竞争力。同样的道理,由于我国少部分商品还实行政府指导价或政府定价,因此行政机关或法律、法规授权的具有管理公共事务职能的组织,可能会滥用手中的定价权,而强制外地商品执行缺乏竞争力的价格,从而限制外地商品进入本地市场。这两种行为的实质,是在本地市场设置了一个人为的进入壁垒,阻碍外地商品的进入,是典型的违法行为。

2. 对外地商品采取歧视性技术措施。行政机关或法律、法规授权的具有管理公共事务职能的组织,出于维护特定种类商品的质量、保护消费者利益的目的,可以依法对某类商品设定一定的技术要求、检验标准,并且通过日常的抽查、检验以保证该类商品符合技术要求、检验标准。我国的产品质量标准分为国家、行业、地方及企业四个级别。如果上述行政机关或有权组织能够无差别地针对所有商品设定技术要求、检验标准,随机对商品进行抽查,那么这种检验和检查就是保护消费者利益和维护市场公平竞争秩序的有效手段。然而,一些地方政府及其部门针对外地企业的商品提出超出国家标准的要求,或者对于没有国家、行业标准的产品,实行内外有别的两套不同标准的做法,就会无端增加外地商品的时间和费用成本,削弱其竞争力,从而间接限制外地商品进入本地市场。在执行标准检验和检查时,行政机关或法律、法规授权的具有管理公共事务职能的组织也可能偏离公平竞争原则,对外地商品采取重复检验、重复认证等歧视性技术措施,提高了外地商品的成本,从而客观上达到了限制外地商品进入本地市场的目的。

3.专门针对外地商品的行政许可。行政许可是行政机关根据公民、法人或者其他组织的申请,经依法审查,准予其从事特定活动的行为。行政许可的设定和实施都应当遵循公开、公平、公正的原则。设定行政许可还应当遵循经济和社会发展的规律,通过行政许可达到发挥公民、法人或者其他组织的积极性、主动性的目的,并维护公共利益和社会秩序。近年来,大量行政审批项目被取消,地方政府也对本级政府部门设定的行政审批事项进行了清理,行政审批的改革已经取得了一定成效,但滥用行政审批、许可权的现象还仍然存在,其中一个突出的现象就是针对外地商品的经营采取前置审批、许可等手段,阻止外地商品进入本地或增加外地商品进入的成本。这种行为不仅违背了行政许可制度的基本原则,也将严重损害市场经济秩序。对此,《反垄断法》专门作出规定,禁止滥用行政权力,采取专门针对外地商品的歧视性行政许可,限制外地商品进入本地市场。

4.阻碍外地商品进入或者本地商品运出。当前我国存在的阻碍外地商品进入的行为主要是一些地方政府为了保护本地生产同类商品的经营者,而限制本地商品运出则是出于限制本地的紧缺性资源流入外地,保证本地生产的原料供应的目的。限制商品流通的方式一般是采取在道路、车站、港口、航空港或者行政区域边界等交通枢纽地带设置关卡拦截,或者采取对进入或流出的商品征收各种名目的高额费用。阻碍商品流动对市场经济的破坏程度是极其严重的。《反垄断法》对此明确规定,禁止滥用行政权力,设置关卡或者采取其他手段,阻碍外地商品进入或者本地商品运出。

三、排斥或者限制外地经营者参加本地的招标投标活动

《反垄断法》第 34 条规定:"行政机关和法律、法规授权的具有管理公共事务职能的组织不得滥用行政权力,以设定歧视性资质要求、评审标准或者不依法发布信息等方式,排斥或者限制外地经营者参加本地的招标投标活动。"

招投标市场既包括商品采购的招投标,也包括服务采购的招投标,还包括工程设计和建设等兼具商品和服务内容的招投标。限制招投标行为限制了外地经营者进入本地市场的招投标权利,阻碍了商品、服务、人员在不同地区的自由流动,从而排除、限制了招投标市场的自由竞争,人为割裂了全国统一、开放、竞争、有序的大市场。国家建立招投标制度,就是为了在一些重大工程项目或者大额财政支付项目中,保护国家利益、社会公共利益,通过公开公平的竞价和比较,为国家和社会公众寻找到成本最低、效率最高的项目承接人。招投标活动的严肃性不仅关系国家和社会利益,也关系到招标投标活动当事人的合法权益。一旦出现个别地方政府出于局部利益,而以设定歧视性资质要求、评审标准或者不依法发布信息等方式,排斥或者限制外地经营者参加本地的招标投标活动的行为,则必然损害国家和社会利益,《反垄断法》应当予以禁止。

四、排斥或者限制外地经营者在本地投资或者设立分支机构

《反垄断法》第 35 条规定:"行政机关和法律、法规授权的具有管理公共事务职能的组织不得滥用行政权力,采取与本地经营者不平等待遇等方式,排斥或者限制外地经营者在本地投资或者设立分支机构。"

经营者在一个地区投资或设立分支机构的行为,是将其经营的业务延伸到该地区的重要途径,经营者通过该途径能够更有效地与当地经营者展开竞争,把质量更高、价格更低廉的商品或服务引入当地。因此,竞争法律应当鼓励经营者在其他地区投资或设立分支机构,将市场竞争的范围扩展到更大的区域,从而为更大范围内的消费者提供更实惠的商品和服务。与竞争法律所要实现的这一目的相反,某些行政机关或法律、法规授权具有管理公共事务职能的组织往往滥用行政权力阻碍或限制竞争,通过各种可能的手段,阻碍外地经营者在本地投资或设立分支结构,从而降低本地市场的竞争程度。阻碍的形式可能是多种多样的,例如在法律、法规设定的开业条件之外,附加设定一些专门针对外地经营者的开业限制;在审批程序上故意推诿拖延;违法设定一些针对外地投资的配额或者其他数量限制等。这种做法在短期内,可能起到保护本地市场经营者的作用,但从长远看,是以损害本地消费者利益为代价的。为此,《反垄断法》对这种行为予以明确禁止。

五、强制经营者从事垄断行为

《反垄断法》第 36 条规定:"行政机关和法律、法规授权的具有管理公共事务职能的组织不得滥用行政权力,强制经营者从事本法规定的垄断行为。"

这一规定主要针对行政机关和法律、法规授权的具有管理公共事务职能的组织,利用市场上的某些经营者间接从事阻碍和限制竞争的行为。随着我国法制建设的逐步推进,行政机关和法律、法规授权的具有管理公共事务职能的组织直接以行政命令的形式阻碍或限制竞争的行为,容易受到行政相对人的抵制,尤其是行政诉讼制度的存在也大大降低了行政机关和法律、法规授权的具有管理公共事务职能的组织直接阻碍和限制竞争行为的成功率。为此,某些行政机关和法律、法规授权的具有管理公共事务职能的组织往往采取更为隐蔽的手法,即强迫经营者从事垄断行为,以达到阻碍和限制竞争的目的。例如,某些行政机关从自身利益出发或在利益集团的游说下,滥用行政权力,强制本地区或本部门的经营者成立价格联盟、联合限制产量或划分市场,以排斥、限制市场竞争。对于这种行为,单单制裁和惩罚从事垄断行为的经营者是不够的,必须斩断行为的根源,那就是被滥用的行政权力。为此,《反垄断法》专门设立了这样一个条款,明确禁止滥用行政权力,强制经营者从事垄断行为。

六、制定含有排除、限制竞争内容的规定

《反垄断法》第37条规定:"行政机关不得滥用行政权力,制定含有排除、限制竞争内容的规定。"

行政机关依法可以制定一些针对不特定对象,具有反复适用效力的规范性文件,以对一些行为进行调整和规定,行政法上称之为抽象行政行为。规范性文件比起法律、行政法规来,其制定的程序相对简单,适应行政管理的特点,为行政机关所常用。但是,抽象行政行为也可能与滥用行政权力排除、限制竞争的行为相联系,实践中,很多滥用行政权力排除、限制竞争行为都是通过抽象行政行为得以实施的。譬如,行政机关通过制定一些歧视特定商品及其生产者、销售者的规定,对市场竞争进行不当的阻碍和限制,就会严重影响市场竞争的公平性。为保证市场的公平竞争,维护行政机关及其规范性文件应有的公信力,《反垄断法》明确禁止滥用行政权力来制定含有排除、限制竞争内容的规定的行为。

第六章　对涉嫌垄断行为的调查

第一节　概　述

本章讲述的涉嫌垄断行为的调查制度,是规范反垄断行政执法行为,确保反垄断行政执法有效开展的程序制度。我国《反垄断法》第六章规定的对涉嫌垄断行为的调查制度既有一般行政执法程序的共性问题,也有反垄断执法的专门问题。

一、对涉嫌垄断行为调查的含义和范围

对涉嫌垄断行为的调查属于行政执法程序的范畴。行政执法一般是指行政机关依据法定的权限和程序实施行政管理职权,针对特定人或特定事项,采取的能产生直接行政法律效果的具体行政行为。行政执法程序是由行政执法的方式、步骤和时间顺序等方面构成的行为过程,由前后连接的几个阶段构成,每一阶段有其相应的要求、任务和后果及具体的制度,例如出示证件、时效规定、回避

制度、告知制度、听证制度、陈述制度等。行政执法程序不合法能直接导致具体行政行为无效。

《反垄断法》的实施除了需由当事人的自觉遵守与民事救济外，一般还要有专门机构负责执法，依法对涉嫌垄断行为进行调查和处理。反垄断法的有效实施，自由公平的市场竞争环境的建立和维护，不仅需要合理、缜密的反垄断实体制度，而且也需要科学、有效的反垄断程序制度。对涉嫌垄断行为的调查制度是反垄断法律制度中不可缺少的组成部分。为此，《反垄断法》除了在第二章至第五章分别规定了反垄断实体制度外，还在第六章专门规定了"对涉嫌垄断行为的调查"。这里的"对涉嫌垄断行为的调查"既包括了反垄断执法机构在调查阶段行使职权的行为，也包括了反垄断执法机构在处理阶段行使职权的行为；不仅包括了调查事项、调查通知、调查方式等，还涉及当事人的陈述权以及法律救济途径等。因此可以说，该章确立了我国反垄断基本程序制度。由于反垄断执法的专业性强，因此这里的"对涉嫌垄断行为的调查"与其他法律法规的有关规定存在较大区别。

除第六章外，《反垄断法》其他部分的制度中也有与调查程序直接相关的内容。例如，该法第四章关于经营者集中控制制度中有很多内容属于程序制度，但这种程序是经营者集中事前审查制度本身的内容,不同于对涉嫌违法行为的事后调查和处理程序;又如,该法第七章关于垄断协议法律责任的规定中也涉及相应的程序问题(如第46条第2款),但这种程序是相关法律责任制度中的特殊规定,也不同于对涉嫌违法行为的调查和处理程序本身。

目前,有关反垄断执法机构已经开始在我国《反垄断法》所建立的垄断案件调查程序法律制度的基本框架内制定相关配套规定,对有关垄断案件调查的程序规则进行细化。例如,国家工商总局发布了《工商行政管理机关查处垄断协议、滥用市场支配地位案件程序规定》和《工商行政管理机关制止滥用行政权力排除、限制竞争行为程序规定》;商务部对应申报而未申报以及未达到申报标准的经营者集中的调查和处理在《经营者集中申报办法》和《经营者集中审查办法》中规定了相应的程序规则;发展改革委发布了《反价格垄断行政执法程序规定》。

《反垄断法》除了在第二章至第四章分别规定了对垄断协议、滥用市场支配地位和经营者集中的规制制度外,还在第五章专门规定了对滥用行政权力排除、限制竞争行为的规制制度。但是,由于后者不属于《反垄断法》第3条规定的垄断行为,因此,如无特别说明,本章所谈到的调查程序指的是对于涉嫌违反《反垄断法》第二章至第四章分别规定的垄断协议、滥用市场支配地位和具有或者可能具有排除、限制竞争效果的经营者集中三类垄断案件的调查。

二、对涉嫌垄断行为的调查制度与其他制度的衔接

对涉嫌垄断行为的调查制度作为一种行政执法程序制度，在实践中涉及与其他相关制度的衔接和协调问题。

首先，《反垄断法》第六章规定的对涉嫌垄断行为的调查制度需要与一般行政程序制度衔接。由于我国反垄断执法机构属于行政机关，其所进行的垄断案件的调查是按照行政程序进行的，因此反垄断执法机构调查垄断案件的程序，《反垄断法》有规定的，当然适用该特别规定，没有规定的，则应适用《行政处罚法》、《行政许可法》、《行政复议法》等行政程序法律的一般规定。例如，《反垄断法》没有规定听证制度，但是如果具体垄断案件的调查符合《行政处罚法》和《行政许可法》中有关听证的要求的，也要依照相应的规定进行听证。

其次，《反垄断法》第六章规定的对涉嫌垄断行为的调查制度以外的非正式调查制度问题。一些国家的反垄断执法机构，尤其是日本公正交易委员会，在重视正式调查程序外，也重视非正式调查程序的利用。这对增强经营者对自己市场行为合法性的预见性,预防非法垄断行为的发生和继续,提高经营者的守法意识,具有重要的意义。在我国《反垄断法》刚刚开始实施的阶段,通过受理经营者的咨询、自愿提请的审查以及磋商和劝告等非正式程序更具有特别的意义。例如,当参与集中的经营者对于是否需要申报、申报的具体细节等问题存在疑问时,可以就申报相关问题书面向商务部申请商谈。

需要说明的是,《反垄断法》中的经营者承诺制度也不同于对涉嫌垄断行为的一般调查制度,鉴于其地位重要并且有明确的法律规定,因此本章第三节对其进行专门介绍。此外,旨在鼓励垄断协议参与者主动报告有关情况,使执法机关能够及时发现案件线索和证据,有效查处垄断协议行为的宽大制度,既涉及实体问题,也涉及很多程序方面的问题,并且也有别于一般的调查程序。由于我国《反垄断法》针对垄断协议所设计的宽大制度规定在第七章,因此其具体制度内容也在本书的第七章介绍。

三、有关国家和地区对涉嫌垄断行为调查制度的简况

虽然国际上有观点认为反垄断法是法律移植和融合的最好实例之一,但是这主要是就反垄断实体法而言的,而反垄断程序法则是扎根于各国自己的法律文化土壤中

并经过了长时期的发展。因此,各个国家和地区很难有统一的反垄断执法程序,而是结合本国的社会和历史的具体情况设计出各自的反垄断执法程序制度。例如在美国等一些国家,反垄断执法机构在实施调查的过程中,如需要实施强制措施,必须依法先申请有管辖权的法院发出搜查令、扣押令等授权令,才能开展调查,而另一些国家的反垄断执法机构则可以直接采取这些强制措施。为便于对国外相关情况的了解,以下主要就美国、日本和欧盟等国家和地区的反垄断执法程序制度进行概要介绍。

(一)立案和调查的一般程序

多数国家和地区的反垄断法一般对于反垄断执法机构调查涉嫌垄断行为的程序作出明确的规定。这首先涉及立案和狭义上的调查。

调查的前提是立案。一般地说,反垄断执法机构据以立案所获得的信息主要来自两个渠道:一是一般人的举报,其中邮箱投诉一直是非常重要的信息来源;二是依其职权主动获得信息等。此外,一些国家还规定了根据特定机构或者人员的指示或者通知启动立案的程序。从以往被处理过的案例来看,在所有的案件线索当中,来自一般人的举报是最主要和最基本的。在美国和日本,任何人在认为有违反反垄断法的事实存在时,均可以向执法机构举报,并要求采取适当的措施,而且法律并没有对举报的形式加以限定。也就是说,举报人无论采用书面形式,还是以其他形式进行举报,执法机构均应受理。与前两者不同的是,在欧盟,有权对违反竞争法的行为进行投诉的包括成员国和其他合法利益受到侵害的自然人和法人。"合法利益"受到侵害是投诉人的主体资格条件。欧盟委员会对合法利益受到侵害的解释是,投诉人应当是可能受到该违法行为直接损害或者造成直接损失的自然人或法人。然而,如果一个案件开始审理之后,委员会发现投诉人与案件并无相关的利益,这种情况不影响委员会继续对案件进行审理和作出裁决,因为这种情况可以被视为委员会自己立案调查的结果。另一方面,即使一个投诉人在投诉案件中有着合法的利益,委员会也不一定就根据投诉决定立案审理案件。事实上,委员会根据自己的调查结果,可以随时终止审理案件。

对于立案的案件,反垄断执法机构就启动调查程序。根据美国、日本、欧盟等国家和地区的反垄断制度和实践,反垄断执法机构调查案件时一般都需要经过以下程序:

1.调查的开始。一般来说,反垄断执法机构在掌握了某个经营者实施的行为具有违法嫌疑之后,就可以决定对其开始进行相应的调查。

217

2. 调查的实施。当作出开始调查的决定后,具体的调查活动通常是由调查官来负责实施的。这些专门负责对每个具体案件进行调查的调查官,都是由反垄断执法机构根据规定从其内部职员中指定的,例如,日本公正交易委员会的调查官是从审查局和地方事务所的职员中指定的。在这里,调查官主要是通过行使法定的审查权限,开展具体的调查活动。

在日本,公正交易委员会的调查官主要是通过行使以下法定权限来进行调查的:第一,命令到场接受讯问权,即责令当事人或证人到指定的场所接受讯问的权限;第二,入内检查权,即调查官可以进入相关当事人的营业场所及其他必要的场所,对有关的物件进行检查的权限;第三,命令鉴定权,即调查官在认为必要时,可以命令拥有专门知识的鉴定人对相应的事物作出鉴定的权限;第四,命令提交相应的物品并予以留置权,即调查官在认为必要时,可以命令有关账簿以及其他物品的所有人,提交其所有的这些物品并予以留置的权限;第五,命令报告权,即调查官可以命令有关当事人、证人报告有关事项的权限。

在美国,联邦贸易委员会主要是通过行使以下法定权限来开展调查的:第一,随时收集调查有关信息权;第二,责令被调查人在规定的时间内提交有关书面资料权;第三,复制被调查人的文件,并有权制作同调查有关的文件性证据;第四,命令证人出庭作证,有权检查证人,收取证据;第五,传唤权,即有权签发传票,传唤相关当事人、证人到指定的场所接受询问等。而且,联邦贸易委员会可以在美国的任何地方进行调查,调查可以是公开进行,也可以不公开进行,不过为保证调查工作不受干扰和保护被调查人的利益,一般情况下是不公开进行的。

而在欧盟,委员会则是通过行使下列法定的调查权限来展开的:第一,要求有关企业及成员国主管机关提供一切必要信息权。要求企业提供信息在程序上分为两个具体步骤:第一步是通过非正式函件致信有关企业,这种程序也称为非正式程序。如果有关企业没有在规定的期限内提供要求的信息,或者提供的信息不完全、不正确,对其将采取第二个步骤,即作出一个正式决定,责令其限期提供信息,这种程序也称为正式程序。决定书内容一般包括法律依据、目的、提供什么信息、提供期限及其法律后果、司法救济权等。第二,进行行业调查权。第三,现场调查权,即有权检查、复制或摘录企业的商业账簿和其他商业记录;现场提问并要求口头回答;进入企业的场地、建筑物和运输工具等。值得注意的是,进入企业现场进行各种调查的前提条件是,其必须已经掌握了一定证据,有理由怀疑该企业存在违法行为。如果进入企业现场只是为了调查企业是否存在违法行为,这种调查则不合法。从程序上讲,进行现场调查,有两种形式:一种是持有调查令的调查,这种程序也称为非正式程序;一种是持有决定书的调查,这种程序也称为正式程序。与要求提供信息的两种程序有时间先后不同的是,这里并不存在依次发展的两个阶段的关系,而是由欧盟委员会根据具体情况选择适用,但是这两者的法律后果还是有一定差异的。持有调查令的调查,是指负责进行调查的欧盟委员会官员应当向有关企业出示由欧盟委员会颁发的授权令,以证明自己已被授权行使调查权。但被调查的企业可以拒绝调查。在这种情况下,欧盟委员会往往会作出正式的决定,责令该企业接受调查。如果该企业仍继续拒绝,就将面临受罚款处罚的结局。而持有决定书的调查,是指欧盟委员会负责调查的官员持有欧盟委员会作出的对有关企业进行调查的正式决定书从事的调查工作。但在作出正式的调查决定之前,欧盟委员会应当与调查所在国的主管机关进行会商。一般来说,欧盟委员会在调查中往往是先采取"调查令"的形式,在遭到有关企业拒绝时,才转而采取决定书形式。

3. 调查的终结。调查程序通常因下列情况的发生而终结:第一,作出开始审理程序的决定;第二,非正式的和解等。

(二)反垄断案件审理和裁决的一般程序

在进行了狭义上的调查程序之后,反垄断案件的处理就要进入审理和裁决程序。在实际的办案中,具体的审理裁决者是由反垄断执法机构的工作人员来担任的,其职责主要是组织和主持案件的审理活动。例如,美国联邦贸易委员会一般都是由其下属的行政法官来承担。行政法官任期与联邦法院法官相同,依法独立审判案件。又如,在绝大多数情况下,日本公正交易委员会都是由作为事务总局职员的裁判官来承担(通常将此称为裁判官裁判)的。就欧盟委员会来说,其对垄断案件的审理是由作为其职员的听证官来担任的。由于调查官和裁判官都是裁判机关内部人员,为了确保公正性,二者应遵守"职能分离原则",也就是负责调查某一案件的调查官及参与调查该案件的有关人员,均不能被指定为该案件的裁判官。这一原则,在日本《禁止垄断法》第51条之2中得到了明确的体现。欧盟委员会在1982年专门设立了听证官这一职位,其目的也是为了在其内部将调查、指控权与审理权分开,确保案件处理的公正性。

第二节 对涉嫌垄断行为的调查和处理

一、举报和立案

反垄断执法机构依法对涉嫌垄断行为进行调查的前提是立案。反垄断执法机构据以立案所获得的信息来自不同的渠道。根据我国的有关规定,反垄断执法机构依据职权,或者通过举报、其他机关移送、上级机关交办等途径,发现垄断行为并依法查处。其中,来自相关单位和个人的举报是最主要和最基本的,因为相关人员往往是垄断行为最广泛、最直接的感受者、发现者。为了保护举报人的安全和举报的积极性,反垄断执法机构对举报人的信息要予以保密。

我国《反垄断法》第38条规定,反垄断执法机构依法对涉嫌垄断行为进行调查。对涉嫌垄断行为,任何单位和个人有权向反垄断执法机构举报。反垄断执法机构应当为举报人保密。举报采用书面形式并提供相关事实和证据的,反垄断执法机构应当进行必要的调查。

根据有关规定,举报采取书面形式的,一般应当包括以下内容:(1)举报人的基本情况。举报人为个人的,应当提供姓名、住址、联系方式等。举报人为经营者的,应当提供名称、地址、联系方式、主要从事的行业、生产的产品或者提供的服务等;(2)被举报人的基本情况。包括经营者名称、地址、主要从事的行业、生产的产品或者提供的服务等;(3)涉嫌垄断的相关事实。包括被举报人违反法律、法规和规章实施垄断行为的事实以及有关行为的时间、地点等;(4)相关证据。包括书证、物证、证人证言、视听资料、计算机数据、鉴定结论等,有关证据应当有证据提供人的签名并注明获得证据的来源;(5)是否就同一事实已向其他行政机关举报或者向人民法院提起诉讼。

国务院反垄断执法机构和被授权的省级人民政府相应的机构负责举报材料的受理。省级以下人民政府相应的机构收到举报材料的,应当在规定的时限内将有关举报材料报送省级人民政府相应的机构。受理机关收到举报材料后,应当进行登记并对举报内容进行核查。举报材料不齐全的,应当通知举报人及时补齐。对于匿名的书面举报,如果有具体的违法事实并提供相关证据的,受理机关应当进行登记并对举报内容进行核查。

一般来说,反垄断执法机构根据证据认为某一经营者实施的行为具有违法嫌疑之后,就可以决定立案,开始对其进行相应的调查。

根据有关规定,省级人民政府相应的机构应当对主要

223

发生在本行政区域内涉嫌垄断行为的举报进行核查,并将核查的情况以及是否立案的意见报国务院反垄断执法机构。省级人民政府相应的机构对举报材料齐全、涉及两个以上省级行政区域的涉嫌垄断行为的举报,应当及时将举报材料报送国务院反垄断执法机构。国务院反垄断执法机构根据对举报内容核查的情况,决定立案查处工作。国务院反垄断执法机构可以自己立案查处,也可以根据规定授权有关省级人民政府相应的机构立案查处。国务院反垄断执法机构对自己立案查处的案件,可以自行开展调查,也可以委托有关省级、计划单列市、副省级市人民政府相应的机构开展案件调查工作。省级人民政府相应的机构对经授权由其立案查处的案件,应当依据规定开展案件调查等相关工作。

二、调查措施和程序

(一)调查措施

垄断行为通常具有较强的隐蔽性,其认定也比较复杂,需要掌握充分的证据,因此反垄断执法机构在案件调查中需要采取必要措施,以确保案件调查的顺利进行。我国《反垄断法》第39条规定了反垄断执法机构调查涉嫌垄断行为可以采取的五项措施,并规定采取这些措施应当向反垄断执法机构主要负责人书面报告,并经批准。具体说

来,这些措施是:

1. 对经营者的有关场所进行检查。一旦经营者有涉嫌垄断行为的情况,反垄断执法机构就需要在查清事实、了解真相的基础上确定该行为是否构成垄断行为,并依法对垄断行为进行处理。查明事实的重要途径之一,是到涉嫌垄断行为的发生场所进行实地检查,因此反垄断执法机构有权进入被调查的经营者的经营场所或者其他有关场所进行检查,以获取有关证据,便于为依法确认和处理有关的违法活动提供事实依据。反垄断执法机构对有关场所进行检查的权力包括进入权和检查权。进入权是指进入涉嫌违法行为人的住所或营业场所的权力,检查权是指对涉嫌违法行为人的物品、账目等进行检查的权力。

2. 询问有关单位和个人。反垄断执法机构要了解事实真相,就应当从各个角度进行调查,其中包括询问被调查的经营者、利害关系人或者其他有关单位或者个人,要求其对与被调查事件有关的事项作出说明。这是在案件调查过程中,发现人证和获得证人证言的重要环节。

3. 查阅、复制有关单证、协议等文件、资料。反垄断执法机构有权查阅、复制被调查的经营者、利害关系人或者其他有关单位或者个人的有关单证、协议、会计账簿、业务函电、电子数据等文件、资料。一切与被调查的经营者的涉嫌垄断行为相关的单位及个人的,且能够反映事实情况的资料,均属于查阅的范围。对经查阅认为具有书证意义的文件、资料,反垄断执法机构有权进行复制。查阅是为了发现线索,寻找证据。复制是为了方便研究案情,综合分析,作出正确认定。赋予反垄断执法机构这一权力有利于了解被调查的经营者的相应经济活动、业务往来、资金流向等,取得相关证据,以确认被调查对象的行为是否违法,以利于案件的正确处理。

4.查封、扣押相关证据。查封、扣押等强制措施,在行政执法中有着重要的作用。鉴于涉嫌垄断行为案件的复杂性,《反垄断法》授权反垄断执法机构为保全证据、防止当事人隐匿或损毁证据,对相关证据及时进行查封、扣押。为了查明事实,保存证据,防止隐匿、损毁有关的文件和资料等证据,反垄断执法机构有权查封、扣押相关证据。对有可能被有关单位和个人隐藏或者可能被销毁、损坏,使今后查找有困难的证据,反垄断执法机构可以及时予以查封、扣押。

5.查询经营者的银行账户。经营者的经营活动、资金往来通常需要通过银行进行。因此,查询经营者的银行账户可以比较容易地了解被调查的经营者的经济活动状况,发现其违法行为。为此,《反垄断法》也赋予了反垄断执法机构在行使调查权时查询经营者银行账户的权力。由于经营者既包括自然人,也包括法人和其他组织,因此反垄断执法机构查询银行账户的权力包括查询个人银行账户和单位银行账户的权力。

(二)调查程序规则

为保证反垄断执法机构依法进行执法,我国《反垄断法》第40条规定了反垄断执法机构调查涉嫌垄断行为时应当遵守三个方面的程序规则。

1.执法人员不得少于二人。反垄断执法机构对涉嫌垄断行为调查时,实际到场进行调查的执法人员至少应当有二人,目的是为了使反垄断执法机构执法人员互相监督制约,保证其依法履行职责,防止一名执法人员在没有监督制约的情况下出现滥用权力的行为。

2.执法人员应当依法出示执法证件。反垄断执法机构的执法人员依法进行调查时,向被调查对象出示执法证件,是表明其作为反垄断执法机构执法人员的身份和执行调查任务的合法性。

3.执法人员进行询问和调查,应当制作笔录,并由被询问人或者被调查人签字。询问和调查笔录是在询问、调查过程中制作的、用以记载调查过程中提出的问题和回答以及询问和调查过程中所发生事项的重要文书。准确制作询问调查笔录,既有利于反垄断执法机构查明事实,正确处理案件,又有利于保护被调查对象陈述和申辩的权利。为了保证询问调查笔录的客观、准确,在询问调查笔录制作完毕后,经核对无误,应当由被询问人或者被调查人签字。这样既表明调查人、被调查人对记录内容负责的态度,又可以防止篡改、伪造询问笔录。

三、调查中的权利和义务

（一）被调查人陈述意见的权利

被调查人包括被调查的经营者、利害关系人或者其他有关单位或者个人。在对涉嫌垄断行为的调查中,被调查人享有相应的权利,承担相应的义务。

我国《反垄断法》第43条明确规定:被调查的经营者、利害关系人有权陈述意见。反垄断执法机构应当对被调查的经营者、利害关系人提出的事实、理由和证据进行核实。

1.行政调查是行政主体行使职权的程序性行为,调查方法必须合法、合理。行政机关进行行政调查一方面是为了查明案件事实,另一方面通过调查程序为当事人提供主张权利和保护其合法权益的机会。行政机关行使行政权力作出行政决定之前,尤其是在作出不利于当事人和相关人的决定之前,应当听取他们的意见。

2.陈述意见是行政相对人的程序性权利,对此权利应当予以保障。反垄断执法机构对被调查的经营者、利害关系人陈述意见的要求不能拒绝,应当听取。陈述意见包括书面陈述和口头陈述等形式。

3.反垄断执法机构应当对被调查的经营者、利害关系人提出的事实、理由和证据进行核实,其目的是在对被调查的经营者、利害关系人权益作出有影响的决定时,能够正确认定事实,依法作出决定。

此外,依照我国相关法律的规定,被调查的经营者、利害关系人还有权要求听证。例如,我国《行政处罚法》第42条规定:行政机关作出责令停产停业、吊销许可证或者执照、较大数额罚款等行政处罚决定之前,应当告知当事人有要求举行听证的权利;当事人要求听证的,行政机关应当组织听证。当事人不承担行政机关组织听证的费用。我国《行政许可法》第47条规定:行政许可直接涉及申请人与他人之间重大利益关系的,行政机关在作出行政许可决定前,应当告知申请人、利害关系人享有要求听证的权利;申请人、利害关系人在被告知听证权利之日起5日内提出听证申请的,行政机关应当在20日内组织听证。申请人、利害关系人不承担行政机关组织听证的费用。

(二)被调查人的配合调查义务

我国《反垄断法》第42条明确规定:被调查的经营者、

利害关系人或者其他有关单位或者个人应当配合反垄断执法机构依法履行职责,不得拒绝、阻碍反垄断执法机构的调查。

反垄断执法机构在依法履行职责过程中有权询问被调查的经营者、利害关系人或者其他有关单位和个人。为了保证反垄断执法机构依法履行职责,相关单位和个人负有配合调查的义务。在接受调查时,要为反垄断执法机构查明事实真相提供便利条件,提供真实的有关文件和资料,不得妨碍反垄断执法机构获得真实可靠的文件和资料等,更不得隐瞒、掩盖事实真相,藏匿、销毁证据。对拒不配合反垄断执法机构调查的单位和个人,应当依法追究其法律责任。

根据有关规定,反垄断执法机构调查涉嫌垄断行为时,可以要求被调查人在规定时限内提供以下书面材料:(1)被调查人的基本情况,包括组织形式、名称、联系人及联系方式、营业执照或者社会团体法人登记证书、法人组织代码副本复印件。经营者为个人的,提供身份证复印件及联系方式;(2)被调查人为经营者的,还应提供近三年的生产经营状况、年销售额情况、缴税情况、与交易相对人业务往来及合作协议、境外投资情况等,上市公司还要提供股票收益情况;(3)被调查人为行业协会的,还应提供行业组织章程、相关产业政策依据、本行业生产经营规划以及执行情况、与涉嫌垄断行为有关的会议、活动情况及文件等;(4)就反垄断执法机构提出的相关问题所作的说明;(5)反垄断执法机构认为需要提供的其他书面材料。

反垄断执法机构应当对被调查的经营者、利害关系人提出的事实、理由和证据进行核实。对反垄断执法机构依法实施的调查,拒绝提供、不完全提供或者超过规定时限提供有关材料、信息,或者提供虚假材料、信息,或者隐匿、销毁、转移证据,或者有拒绝、阻碍调查行为的,依法追究其法律责任。

(三)反垄断执法机构及其工作人员的保密义务

反垄断执法机构及其工作人员在执法过程中,有可能涉及、了解有关单位和个人的商业秘密,对其知悉的商业秘密予以保密是其从事反垄断执法的基本要求。这是我国《反垄断法》第41条所明确规定的。

依照我国《反不正当竞争法》第10条的规定,商业秘密是指不为公众所知悉、能为权利人带来经济利益、具有实用性并经权利人采取保密措施的技术信息和经营信息。确定某一技术信息或者经营信息属于商业秘密,需要具备下列要件:一是秘密性,即不为公众所知悉,指有关信息不为其所属领域的相关人员普遍知悉和容易获得;二是商业价值性,即能为权利人带来经济利益、具有实用性,也就是有关信息具有现实的或者潜在的商业价值,能为权利人带来竞争优势;三是保密性或者管理性,商业秘密的权利人根据需要,对商业秘密采取了合理的保护措施。技术信息和经营信息包括设计、程序、产品配方、制作工艺、制作方法、管理诀窍、客户名单、货源情报、产销策略、招投标中的标底及标书内容等信息。商业秘密一旦被泄露,往往会给原拥有商业秘密的单位和个人的生产、经营活动带来不利的影响,造成经济损失。

在反垄断执法过程中,反垄断执法机构及其工作人员在接触到企业的商业秘密时,应当严格遵守工作纪律和法律规定,对执行职务时知悉的商业秘密予以保密,否则将依法追究其法律责任。

四、处理和公布

反垄断执法机构经过调查,确认行为人有垄断行为的,应当依照法定程序进行处理。依法作出决定,是行政执法的最后阶段,也是调查权行使的结果,包括予以处罚、不予以处罚,一般性处罚、从重或从轻处罚等。我国《反垄断法》第44条规定:反垄断执法机构对涉嫌垄断行为调查核实后,认为构成垄断行为的,应当依法作出处理决定,并可以向社会公布。

根据有关规定,国务院反垄断执法机构在查处垄断协议、滥用市场支配地位案件时,对重大垄断案件在作出行政处罚决定前应当向国务院反垄断委员会报告。经授权的省级人民政府相应的机构在调查处理垄断案件时,依法作出中止调查、终止调查或者行政处罚决定,但在作出决定前应当向国务院反垄断执法机构报告。省级人民政府相应的机构应当在作出决定后规定的时限内,将有关情况、相关决定书及案件调查终结报告报国务院反垄断执法机构备案。

向社会公布处理决定,不仅有利于保障社会公众的知情权,使得公众能够了解政府决策的背景和法律、法规、政策的执行效果,充分发挥舆论监督的作用,监督行政机关依法行政,而且也有利于警示其他经营者依法经营,有利于消费者和其他经营者维护自身的合法权益,还有利于宣传《反垄断法》,培养全社会的反垄断意识。

第三节　经营者承诺制度

一、经营者承诺制度的主要内容和意义

经营者承诺制度也称和解制度。我国《反垄断法》第45条借鉴了有关国家和地区的经验,规定了我国的经营者

承诺制度。其基本内容是：对反垄断执法机构调查的涉嫌垄断行为，被调查的经营者承诺在反垄断执法机构认可的期限内采取具体措施消除该行为后果的，反垄断执法机构可以决定中止调查。中止调查的决定应当载明被调查的经营者承诺的具体内容。反垄断执法机构决定中止调查的，应当对经营者履行承诺的情况进行监督。经营者履行承诺的，反垄断执法机构可以决定终止调查。有下列情形之一的，反垄断执法机构应当恢复调查：经营者未履行承诺的；作出中止调查决定所依据的事实发生重大变化的；中止调查的决定是基于经营者提供的不完整或者不真实的信息作出的。

垄断行为排斥、限制市场竞争，妨碍市场机制正常发挥作用。这种行为涉及内容广泛、复杂，同时又因经济形势、市场情况的变化而不断变化。如果反垄断执法机构对所发现的涉嫌垄断行为有案必查、一查到底，在理论上完全符合法治的精神和原则，但在实践中，判断一些涉嫌垄断行为是否违法要经历一个非常复杂和专业的过程，尤其是在调查处理某些涉嫌垄断协议行为和滥用市场支配地位行为时，往往耗时费力，取证难度大。例如，美国司法部曾与 AT&T 公司就一个反托拉斯的案件进行了长达近 10 年的法律较量。美国司法部于 1974 年对 AT&T 提起反垄

断指控,AT&T公司于1984年被一分为八,保留原公司名
称的AT&T只能经营长话业务,分立出来的七个公司只能
经营市话业务,并且受政府的监督和管制。与其耗费大量
的时间、人力、物力,最后通过制裁来消除违法后果,不如
建立一种机制,让涉嫌违法的经营者自觉地纠正自己的行
为。有条件地停止或结束调查,是各国反垄断法基于这种
考虑建立的一项机制。据统计,大多数国家的反垄断执法
机构每年接到的相关举报和受理的涉嫌垄断案件的数量
很多,但只有不到十分之一的案件调查终结并最后予以处
罚。绝大多数案件在调查过程中因涉嫌垄断行为的当事
人承诺改正并自动消除违法行为的影响和后果而终止程
序,同样取得了反垄断法律制度设计的理想结果。目前大
多数国家的反垄断法都规定了这种制度。如美国联邦贸
易委员会和司法部反托拉斯局处理的许多案件,都是以和
解形式结案的。欧盟竞争总司处理的案件,不少也是通过
和解方式结案的。

　　我国《反垄断法》成功地借鉴了这一经验,同时也很好
地体现了我国行政处罚与教育相结合,以教育为目的的立
法精神和原则。反垄断法的目的不仅是处罚违法经营者,
更重要的是为了预防和制止垄断行为,保护市场竞争,保
护消费者利益,促进经济健康发展。对于反垄断执法机构

来说,对涉嫌垄断行为的调查和处理是一项内容复杂、成本高昂的工作。承诺制度可以在达到让被调查者停止涉嫌垄断行为的目的的情况下,尽快了结该类案件,以便集中精力于那些重要的、复杂的、对方又不愿让步的案件。同时,反垄断执法机构也可以节省行政资源,因为承诺制度客观上减少了经过复杂的调查程序而最终宣布被调查者不违法的情况。对于被调查者来说,反垄断调查将有损经营者的声誉,如果有关行为最终被认定违反反垄断法,面临的严厉处罚更会对经营者的生产经营活动造成不利影响。经营者承诺在反垄断执法机构认可的期限内采取具体措施消除其后果,以换取反垄断执法机构的中止调查,可以避免漫长的调查程序对自己经营活动的影响,还可以避免通过正式程序最后可能要承担的严重后果,只需承诺自己现在及将来不再实施某种行为即可。这应是一个双赢的结果。

不同国家和地区的反垄断法在经营者承诺制度的具体方面有些细微差别,但基本精神是一致的。有的由反垄断执法机构与被调查者直接达成和解即可生效,有的要求双方达成的和解协议经过法院批准后才能生效。

二、我国经营者承诺制度的具体适用

根据我国《反垄断法》第 45 条的规定,经营者承诺制度的适用需要被调查的经营者在反垄断执法机构认可的期限内采取具体措施消除该行为的后果。

首先,经营者承诺采取的措施应当是有效和切实可行的。消除涉嫌垄断行为后果的措施是经营者和反垄断执法机构协商的结果,反垄断执法机构一般会要求经营者停止该行为,然后视具体情况决定是否需要采取补救措施。

其次,该措施应当能够在反垄断执法机构认可的合理期限内消除该行为的后果。反垄断执法机构接受承诺,一个重要考虑就是将涉嫌垄断行为对市场竞争状况的影响降到最低,这就要求在尽可能短的时间内消除阻碍竞争的因素;如果允许经营者以承诺为名,拖延对其涉嫌垄断行为的调查处理,承诺制度就失去了应有的价值。

如果反垄断执法机构接受经营者的承诺,就应当作出中止调查的决定,并在决定中载明承诺的具体内容。应当强调的是,对于经营者的承诺,反垄断执法机构没有必须接受的义务。从其他一些国家和地区的执法经验看,对于一些严重的垄断行为,经营者往往希望通过承诺来避免或者延缓处罚,其结果可能使反垄断执法结果大打折扣。因此,有些国家和地区还在立法中明确规定了某些严重的垄断行为不适用承诺制度。我国《反垄断法》第45条的规定是"反垄断执法机构可以决定中止调查",即将是否接受经营者的承诺的判断权交由反垄断执法机构裁量决定。

根据有关规定,涉嫌垄断行为的经营者在被调查期间,可以提出中止调查的申请,承诺在反垄断执法机构认可的期限内采取具体措施消除行为影响。中止调查申请应当以书面形式提出,并由法定代表人、其他组织负责人或者个人签字并盖章。申请书应当载明以下事项:(1)涉嫌违法的事实及可能造成的影响;(2)消除行为影响拟采取的具体措施;(3)实现承诺的日程安排和保证声明。反垄断执法机构根据被调查经营者的申请,在考虑行为的性质、持续时间、后果及社会影响等具体情况后,可以决定中止调查,并作出中止调查决定书。中止调查决定书应当载明被调查经营者涉嫌违法的事实、承诺的具体内容、消除影响的具体措施、时限以及不履行或者部分履行承诺的法律后果等内容。决定中止调查的,经营者应当在规定的时限内向反垄断执法机构提交履行承诺进展情况的书面报告。

为了落实被调查的经营者的承诺,反垄断执法机构应当对经营者履行承诺的情况进行监督,视市场竞争状况是否得到改善采取进一步措施。如果经营者履行承诺,并且切实消除了垄断行为的不良影响,改善了市场竞争状况,保护了消费者的利益,反垄断执法机构可以决定终止调查。此处的"可以"表明,决定终止调查属于反垄断执法机构的裁量权,由反垄断执法机构根据承诺执行情况和实际效果决定。

确定经营者已经履行承诺的,可以决定终止调查,并作出终止调查决定书。终止调查决定书应当载明被调查经营者涉嫌违法的事实、承诺的具体内容、消除影响的具体措施、履行承诺的具体步骤和时间等内容。

如果反垄断执法机构发现存在下列情形之一,应当恢复调查:(1)经营者未履行承诺。"未履行"包括根本没有履行和未充分履行,后者的判断标准不仅应当考虑承诺规定的内容,还应当考虑执行承诺的实际效果。(2)作出中止调查决定所依据的事实发生重大变化。行政决定的事实基础发生重大变化,反垄断执法机构应当恢复调查。(3)中止调查的决定是基于经营者提供的不完整或者不真实的信息作出的。这里所称的"不完整或者不真实的信息"是指经营者为了使反垄断执法机构接受其承诺而提供的、对反垄断执法机构作出中止调查决定产生实质影响的信息。如果中止调查决定是经营者通过欺诈获得的,应当恢复调查。

第七章 法律责任

第一节 概 述

本章讲述违反《反垄断法》应承担的法律责任。《反垄断法》第七章对法律责任予以专章规定,不仅规定了垄断协议、滥用市场支配地位、经营者违法实施集中、滥用行政权力排除、限制竞争行为的法律责任及垄断行为的民事责任,还规定了执法机构确定行政罚款数额的酌定因素、妨碍反垄断审查和调查的法律责任及反垄断执法机构工作人员违法应承担的法律责任等内容。这些规定对维护市场竞争秩序,保障《反垄断法》实施效果具有重要意义。

一、反垄断法律责任制度的意义

法律责任是指违反了法定义务或约定义务,或不当行使法律权利、权力而应受到的制裁。就《反垄断法》而言,法律责任就是指排除、限制竞争的行为以及其他违反《反垄断法》的行为应当受到的制裁。《反垄断法》之所以规定法律责任制度,首先是要通过追究垄断行为的法律责任,制止垄断行为,保护市场公平竞争;其次是通过法律责任制度,使得那些因垄断行为受到损失的经营者和消费者得到救济。一旦违法者受到了惩罚、受害者得到了救济,法律责任制度便具有了教育的功能,有助于形成预防和制止垄断行为的社会氛围,实现《反垄断法》的立法目标。

二、《反垄断法》上的法律责任分类

法律责任按性质可分为行政法律责任、民事法律责任与刑事法律责任(以下均简称行政责任、民事责任与刑事责任)。我国《反垄断法》没有规定垄断行为的刑事责任,有关刑事责任的法律规范统一由《刑法》予以规定,因此,《反垄断法》上的法律责任只涉及行政责任和民事责任。《反垄断法》上的行政责任主要包括行政处分和行政处罚两类责任形式。《反垄断法》有关民事责任的规定,主要体现在该法的第50条,即"经营者实施垄断行为,给他人造成损失的,依法承担民事责任"。

按照责任承担主体的不同,我国《反垄断法》规定的法律责任可分为六类:一是实施垄断行为的经营者的法律责任;二是组织实施垄断协议的行业协会的法律责任;三是滥用行政权力排除、限制竞争的行政机关和法律、法规授权的具有管理公共事务职能的组织的法律责任;四是滥用行政权力排除、限制竞争的行政机关和法律、法规授权的具有管理公共事务职能的组织的直接负责主管人员和其他直接责任人员的法律责任；五是有依法协助反垄断执法机构调查义务却拒绝、阻碍调查行为的单位或个人的法律责任；六是反垄断执法机构工作人员违法应承担的法律责任。

第二节　排除、限制竞争行为的法律责任

我国《反垄断法》第3条以列举的方式规定了三种垄断行为：垄断协议、滥用市场支配地位和具有或者可能具有排除、限制竞争效果的经营者集中。除这三种垄断行为外，行政机关和法律法规授权的具有管理公共事务职能的组织也可能滥用行政权力，实施排除、限制竞争的行为。因此，排除、限制竞争的行为包括两大类：第一类是指垄断行为；第二类是指行政机关和法律、法规授权的具有管理公共事务职能的组织滥用行政权力实施的排除、限制竞争的行为。

一、垄断协议的行政责任

我国《反垄断法》第46条对垄断协议的行政责任作出了规定："经营者违反本法规定，达成并实施垄断协议的，

由反垄断执法机构责令停止违法行为,没收违法所得,并处上一年度销售额1%以上10%以下的罚款;尚未实施所达成的垄断协议的,可以处50万元以下的罚款。经营者主动向反垄断执法机构报告达成垄断协议的有关情况并提供重要证据的,反垄断执法机构可以酌情减轻或者免除对该经营者的处罚。行业协会违反本法规定,组织本行业的经营者达成垄断协议的,反垄断执法机构可以处50万元以下的罚款;情节严重的,社会团体登记管理机关可以依法撤销登记。"《反垄断法》的这一规定与《行政处罚法》有关规定是一致的。我国《行政处罚法》第8条规定了行政处罚种类,包括:警告、罚款、没收违法所得、没收非法财物、责令停产停业、暂扣或者吊销许可证、暂扣或者吊销执照、行政拘留等。同时,该法第23条规定行政机关实施行政处罚时,应当责令当事人改正或者限期改正违法行为。

（一）经营者达成并实施垄断协议的行政责任

对经营者达成并实施垄断协议的,我国《反垄断法》规定了责令停止违法行为、没收违法所得和处上一年度销售额1%以上10%以下的罚款三种行政责任形式并处机制。

首先,经执法机构调查核实认定经营者达成并实施垄断协议后,反垄断执法机构将责令停止违法行为。因此,违法经营者应当无条件地停止实施垄断协议。

其次,经营者如果通过达成并实施垄断协议获得违法收入的,反垄断执法机构将没收违法所得。没收违法所得,是指将经营者依垄断协议获得的违法收入收归国有的处罚方式。

最后,对达成并实施垄断协议的经营者应并处上一年度销售额1%以上10%以下的罚款。罚款是一种最常见的行政处罚方式,目的在于惩罚和威慑。从性质上讲,行政罚款是惩罚性质的,不是救济性质的。值得注意的是,《行政处罚法》第42条规定:"行政机关作出责令停产停业、吊销许可证或者执照、较大数额罚款等行政处罚决定之前,应当告知当事人有要求举行听证的权利;当事人要求听证的,行政机关应当组织听证……"因此,反垄断执法机构拟对垄断协议作出罚款的行政处罚的,除应遵守《反垄断法》的规定外,还应当遵循《行政处罚法》的相关规定。

(二)经营者尚未实施所达成垄断协议的行政责任

由于垄断协议对市场竞争和消费者利益的损害是相当严重的,所以即使尚未实施,也可能承担行政责任,反垄断执法机构可以依法对其处以罚款。由于经营者尚未实施所达成的垄断协议,其限制竞争的效果尚未发生,故《反垄断法》规定的处罚较轻,罚款额度的上限为50万元。

（三）行业协会组织本行业经营者达成垄断协议的行政责任

行业协会作为重要的社会中介组织在市场经济中发挥着越来越重要的作用。在激烈的市场竞争中，行业协会可以通过行业自律，发挥促进竞争的积极作用。但是，有些行业协会组织订立的协议则片面强调其成员或者本行业的利益，含有排除、限制竞争的内容，对市场竞争产生了消极影响。正是为了兴其利去其弊，我国《反垄断法》第16条明确规定行业协会不得组织本行业的经营者达成垄断协议，并在第46条第3款规定：行业协会组织本行业经营者达成垄断协议的，反垄断执法机构可以对行业协会本身处50万元以下的罚款；对于行业协会组织本行业的经营者达成垄断协议情节严重的，社会团体登记管理机关可以依法撤销登记。所谓"情节严重"是指严重排除、限制竞争，严重损害消费者利益和公共利益并造成恶劣社会影响等情形，需要由执法机构考虑多方面因素予以认定。

（四）对参与垄断协议的经营者酌情减轻或者免除处罚的制度

从其他国家《反垄断法》发展情况来看，在反垄断法律制度建立之后，垄断协议的达成和实施更多的是以秘密的方式完成的。在这样的背景下，如何发现和调查垄断协议并获取相关证据是反垄断执法亟待解决的难题。为了有效地发现秘密达成并实施的垄断协议,降低反垄断执法成本,美国设计了一种制度,即在反垄断执法机构对垄断协议启动调查程序之前,主动向执法机构"自首"并提供重要证据且协助调查的经营者,可以得到"宽大"处理,免于或减轻处罚。这一制度逐步被各国借鉴并被称之为"宽大处理机制"。

《反垄断法》借鉴了国外的宽大处理机制,规定了对达成垄断协议的经营者酌情减轻或者免除处罚的情形。根据《反垄断法》第46条第2款的规定,参与垄断协议的经营者若要获得宽大处理,应符合以下要求:一是经营者主动报告。报告的主体是参与垄断协议的经营者,而且经营者的报告行为必须是主动的。至于报告的形式,法律没有具体规定。二是接受报告的部门必须是反垄断执法机构。反垄断执法机构包括国务院反垄断执法机构和经授权的省、自治区、直辖市人民政府的相应机构。三是报告的内容必须包括经营者所达成的垄断协议的主要内容。四是举报人必须提供重要证据。这主要是指证明垄断协议存在或得到实施的各种证据材料。如果不能提供重要证据,就无法有效打击秘密垄断协议及降低执法成本,不能实现这一机制的目的。五是对经营者的宽大处理表现为免除处罚或者减轻处罚两种情形,具体的减免措施由反垄断执法机构酌情自由裁量。

二、滥用市场支配地位的行政责任

我国《反垄断法》第47条规定了滥用市场支配地位行为的行政责任:经营者违反本法规定,滥用市场支配地位的,由反垄断执法机构责令停止违法行为,没收违法所得,并处上一年度销售额1%以上10%以下的罚款。该条主要规定了责令停止违法行为、没收违法所得和罚款三种责任形式。

(一)责令停止违法行为

为了及时制止滥用市场支配地位行为,消除违法行为未来可能产生的负面影响,责令停止违法行为在各国反垄断法中均有规定。如欧盟委员会查明经营者确有违反《欧盟运行条约》第102条滥用市场支配地位行为的,可以作出责令有关企业或者企业团体停止违法行为的决定;日本公正交易委员会对滥用市场支配地位的经营者可发出责令行为人停止违法行为的禁令。我国《反垄断法》也不例外,对滥用市场支配地位首先采取的措施是由反垄断执法机构责令该经营者停止违法行为。

(二)没收违法所得

反垄断执法机构在执法过程中发现滥用市场支配地

位的经营者有违法所得的,应予以没收,剥夺违法经营者非法占有的财产。

（三）罚款

经营者滥用市场支配地位的,反垄断执法机构可以对其处以上一年度销售额 1% 以上 10% 以下的罚款,这一处罚幅度与对垄断协议所处罚款的幅度相同。另外,这一规定是"并处条款",即除前述没收违法所得外,要同时处以罚款。

三、经营者违法实施集中的行政责任

经营者违法实施集中主要包括下列情形:违反《反垄断法》第 21 条规定,符合法定申报标准的经营者未经申报即实施集中;违反《反垄断法》第 24 条规定,经营者申报集中提交的文件、资料不完备,又未按审查机构要求的期限补充资料,视为未申报。经营者如在此情况下实施集中,视为违法实施的集中。违反《反垄断法》第 25 条的规定,经营者在审查机构作出决定之前实施集中;违反《反垄断法》第 26 条规定,在进一步审查期间违法实施集中,等等。

《反垄断法》第 48 条规定了经营者实施上述违法实施集中行为应承担的行政责任:经营者违反本法规定实施集中的,由国务院反垄断执法机构责令停止实施集中、限期处分股份或者资产、限期转让营业以及采取其他必要措施恢复到集中前的状态,可以处 50 万元以下的罚款。主要规定了采取恢复竞争的措施和行政罚款两类责任形式。

（一）责令采取恢复竞争的措施

对于违法实施的集中,除责令停止实施集中之外,对于已经完成的集中行为,反垄断执法机构还有权责令相关的违法经营者采取一定的措施以恢复到集中前的竞争水平,这样才能有效地保护市场竞争。这些措施一般包括责令限期处分股份或者资产、限期转让营业或者其他必要措施。

1.限期处分股份或资产。这是为恢复到集中前的状态所采取的一种措施。它特别针对经营者通过取得股权或者资产的方式实现对其他经营者控制的集中方式,当然也不局限于这种方式,对于通过其他方式实施的集中也可以采取这种方式恢复到集中前的状态。

2.限期转让营业。这是与上一种措施相并列,作为恢复到集中前状态的措施之一。这里所指的营业是一个总体,是营业组织、营业财产与营业活动等经营要素紧密结合的总称。

3.其他必要措施。经营者违反《反垄断法》实施集中的,国务院反垄断执法机构除有权责令停止实施集中、限期处分股份或者资产、限期转让营业外,还有权采取其他必要措施,目的就是要使相关市场的竞争恢复到集中前的状态。

(二)罚款

前几项措施的目的在于恢复到集中前的状态,是救济性质的。罚款的目的在于惩罚和威慑,是惩罚性质的制裁方式。反垄断执法机构可以根据违法行为的性质、程度和持续的时间等因素决定对违法实施集中行为的经营者是否予以罚款,罚款的上限为50万元。

四、滥用行政权力实施排除、限制竞争行为的法律责任

《反垄断法》第51条对于滥用行政权力排除、限制竞争行为的行政责任、执法机制和法律适用规则等作出了专条规定:行政机关和法律、法规授权具有管理公共事务职能的组织滥用行政权力,实施排除、限制竞争行为的,由上级机关责令改正;对直接负责的主管人员和其他直接责任人员依法给予处分。反垄断执法机构可以向有关上级机关提出依法处理的建议。法律、行政法规对行政机关和法律、法规授权具有管理公共事务职能的组织滥用行政权力实施排除、限制竞争行为的处理另有规定的,依照其规定。

(一)行政机关和法律、法规授权具有管理公共事务职能的组织的法律责任

我国《反垄断法》对滥用行政权力排除、限制竞争行为

所规定的法律责任基本沿用《反不正当竞争法》和国务院《关于禁止在市场经济活动中实行地区封锁的规定》中的有关规定,对行政机关和法律、法规授权具有管理公共事务职能的组织滥用行政权力,实施排除、限制竞争行为的,由上级机关责令改正。《反垄断法》中的责令改正的行为既包括违法的具体行政行为,也包括违法的抽象行政行为。这里的"上级机关"应根据案件的具体情况确定:如滥用行政权力,实施排除、限制竞争行为的主体是地方人民政府的有关部门,则上级机关可以是本级人民政府,也可以是该部门的上级业务主管部门;如滥用行政权力,实施排除、限制竞争行为的主体是法律、法规授权具有管理公共事务职能的组织,上级机关则是指直接管理该组织的政府或政府有关部门。"责令改正"作为行政机构的内部监督机制,具有运作权威性强和效率高的优势。

此外,依据我国《行政复议法》和《行政诉讼法》等有关规定,行政机关如果滥用行政权力,实施了排除、限制竞争的行为,行政相对人可以通过行政复议程序和行政诉讼程序请求撤销或者改正。

(二)行政公务人员的行政责任

为了有效地遏制滥用行政权力排除、限制竞争的行为,《反垄断法》也规定了公务人员的个人责任,即如果行

251

政机关和法律、法规授权具有管理公共事务职能的组织滥用行政权力实施了排除、限制竞争的行为,除上述行政机关及组织要承担行政责任外,直接负责的主管人员和其他直接责任人也应依法受到行政处分。

行政处分是享有行政处分权的机关为维护行政管理秩序,按照行政隶属关系,依法对从事违法行为的公务人员实施的制裁措施。主要的依据是《公务员法》和《行政机关公务员处理条例》,如依据《公务员法》第 56 条的规定,行政处分的种类包括警告、记过、记大过、降级、撤职、开除等。

前述行政机关和法律、法规授权具有管理公共事务职能的组织的责任和行政公务人员的责任之间的关系要正确处理。根据责任自负的原则,各自承担自己的责任,不能以某一方承担了其责任而消除另一方的责任。

(三)反垄断执法机构的处理建议权

依据《反垄断法》的规定,反垄断执法机构对滥用行政权力排除、限制竞争的行为具有处理建议权,即可以向有关上级机关提出依法处理的建议。通过赋予反垄断执法机构处理建议权将把滥用行政权力排除、限制竞争的行为在一定程度上纳入了反垄断执法框架,为反垄断执法机构介入滥用行政权力排除、限制竞争行为的处理提供了法律依据。

第三节　其他行为的法律责任

一、妨碍反垄断审查和调查的法律责任

我国《反垄断法》第52条对有义务配合反垄断调查的主体妨碍反垄断审查和调查的法律责任作出了规定：对反垄断执法机构依法实施的审查和调查，拒绝提供有关材料、信息，或者提供虚假材料、信息，或者隐匿、销毁、转移证据，或者有其他拒绝、阻碍调查行为的，由反垄断执法机构责令改正，对个人可以处2万元以下的罚款，对单位可以处20万元以下的罚款；情节严重的，对个人处2万元以上10万元以下的罚款，对单位处20万元以上100万元以下的罚款；构成犯罪的，依法追究刑事责任。

反垄断执法具有较强的专业性和技术性。比如对市场竞争状况的评估、相关市场的界定、市场支配地位的判断、进入市场难易程度等等都依赖于执法机构对市场或经营者信息和资料的掌握。这就要求被调查的经营者、利害关系人或者其他有关单位或者个人配合反垄断执法机构依法履行职责，不得拒绝、阻碍反垄断执法机构的调查，以保障《反垄断法》的执行效果，否则就应承担相应的法律责任。

（一）责任主体

在《反垄断法》执法中,有义务配合反垄断调查的单位和个人,不限于被调查的经营者,还包括利害关系人或者其他有关单位或者个人。

（二）违法行为表现

《反垄断法》对有义务配合反垄断调查的单位和个人妨碍调查和审查的行为形式,在立法体例上采用的是非穷尽列举的方式,包括但不限于以下行为:

1. 拒绝提供有关材料、信息

有关材料和信息主要指记录和反映被调查的对象从事经营活动实际情况的报告、报表、文件和资料等。反垄断执法机构在对拒绝提供有关材料、信息的被调查的对象课以处罚时必须有其违法拒绝提供有关材料、信息的充分证据,因此当被调查的对象拒绝提供有关材料、信息时,应根据具体情况使用相应的取证方法。如反垄断执法机构人员可以将被调查的对象拒绝调查的情况进行摄像、录音或笔录并由被调查的对象签字后作为证据,如果被调查的对象不愿签字,可以让在现场的其他人员作为见证人签字。如果没有见证人,就应将被调查的对象拒绝提供材料的情况和拒绝在笔录上签字的情况记入笔录,诉讼时由人民法院予以查证。

2. 提供虚假材料、信息

与拒绝提供有关材料、信息这种消极的不作为的妨碍执法的方式不同,虚假陈述是一种以积极作为的方式妨碍执法的行为。提供虚假材料、信息包括提供对实质性细节作虚假陈述的材料、信息,或者遗漏提供任何明知是实质性的细节的材料、信息。

3. 隐匿、销毁、转移证据

隐匿证据是指在反垄断执法机构依法实施审查和调查时,被调查的对象将相关材料、信息故意隐藏起来拒不提供的行为。销毁证据指被调查的对象实施的旨在妨害证据显现或者使证据效力减少、丧失而将证据予以毁灭、损毁的行为。"转移"证据与"隐匿"证据在行为表现上有重合的方面,但是"转移"与"隐匿"侧重点不同,"隐匿"强调"隐藏";"转移"强调"移转",即改变了证据的占有或者空间位置。

4. 其他拒绝、阻碍调查行为

其他拒绝、阻碍调查行为一般包括但不限于以下行为:拒绝回答反垄断执法机构人员的询问;以暴力、威胁手段妨碍反垄断执法机构人员依法执行公务;对检举、揭发人员进行刁难、打击报复以及抗拒对经营者场所、账簿、记录进行的查封或反垄断执法机构查封后进行启封等行为。

（三）责任形式

《反垄断法》第52条规定了妨碍反垄断审查和调查的行政责任。首先，反垄断执法机构可责令其改正上述违法行为。其次，反垄断执法机构可根据违法行为的严重程度处以罚款：对个人可以处2万元以下的罚款，情节严重的，处2万元以上10万元以下的罚款；对单位可以处20万元以下的罚款，情节严重的，处20万元以上100万元以下的罚款。

另外，被调查的对象拒绝提供有关材料、信息，或者提供虚假的材料、信息，或者提供虚假材料、信息，或者隐匿、销毁、转移证据及其他拒绝、阻碍调查的行为构成犯罪的，将被依法追究刑事责任。结合我国《刑法》中的有关规定，与妨碍反垄断审查和调查的法律责任有关的罪名主要有：妨碍公务罪（《刑法》第277条）、伪证罪（《刑法》第305条）、妨害作证罪（《刑法》第307条）、隐匿、故意销毁会计凭证罪（《刑法》第162条）等罪名。

二、反垄断执法机构工作人员的法律责任

《反垄断法》的特殊性使反垄断执法机构依法获得了较广泛的调查权和一定的自由裁量权，这也对反垄断执法机构工作人员提出了较高的业务要求和职责要求。为保证反垄断执法机构工作人员依法办事，我国《反垄断法》第

54 条规定了对反垄断执法机构工作人员的法律责任:反垄断执法机构工作人员滥用职权、玩忽职守、徇私舞弊或者泄露执法过程中知悉的商业秘密,构成犯罪的,依法追究刑事责任;尚不构成犯罪的,依法给予处分。

(一)责任主体

这里的责任主体是反垄断执法机构的工作人员,不包括反垄断执法机构,即《反垄断法》第 54 条所规定的个人责任。

(二)行为表现

1.滥用职权

所谓滥用职权,是指反垄断执法机构工作人员在职务活动中违背法律规定的职责要求,不正当行使职权或超越职权的行为。既包括反垄断执法机构工作人员未依法行使其职权,也包括超越其职权范围而实施的有关行为。

2.玩忽职守

所谓玩忽职守,是指反垄断执法机构工作人员对其应当履行的职责义务怠于履行或不正当履行的行为,如擅离职守、搪塞敷衍等。玩忽职守与滥用职权在主观方面存在明显区别:滥用职权行为,从形式上常常表现为积极的作为形式,而玩忽职守则多表现为消极的不作为形式;滥用职权的主观形态多为故意,而玩忽职守的主观形态则多为过失。

3. 徇私舞弊

徇私舞弊,是指反垄断执法机构工作人员在执法过程中,为私情、私利,故意违背事实和法律的行为。徇私舞弊中的"徇私"作为行为的动机,包括为了追求与职责宗旨相违背的一切物质利益与精神利益。

4. 泄露执法过程中知悉的商业秘密

依据我国《反不正当竞争法》的规定,商业秘密是指不为公众所知悉、能为权利人带来经济利益、具有实用性并经权利人采取保密措施的技术信息和经营信息。具体包括:产品设计、产品配方、制作方法、客户名单、产销策略等。商业秘密是经营者重要的无形资产,具有特定的价值和使用价值,受法律保护。反垄断执法机构的工作人员在履行职责中获知经营者的商业秘密,是出于工作需要的合法知悉行为,但是为了保护经营者的合法权益,反垄断执法机构工作人员负有保密的法定义务,不得泄露在执法过程中掌握的商业秘密。

(三)责任形式

针对反垄断执法机构工作人员的上述违法行为,《反垄断法》第 54 条规定,反垄断执法机构工作人员实施上述行为未构成犯罪的,应依法给予其相应的行政处分。如果反垄断执法机构工作人员实施上述行为导致公共财产、国家和人民利益遭受重大损失的,则可能构成《刑法》所规定的滥用职权罪、玩忽职守罪或侵犯商业秘密罪,应被依法追究相应的刑事责任。

第四节　垄断行为的民事责任与反垄断民事诉讼

垄断行为不仅限制、妨碍市场竞争,降低资源配置效率,损害社会公共利益,同时也会损害其他经营者和消费者的合法权益。《反垄断法》规定的民事责任和其他责任形式相互配合,构成完整的反垄断法律责任体系。民事责任与民事诉讼是紧密联系在一起的,民事责任的规定属于实体法规范,而民事诉讼则是通过在程序中配置诉讼权利义务来确定民事责任,二者密不可分。

我国《反垄断法》第50条规定:经营者实施垄断行为,给他人造成损失的,依法承担民事责任。

一、垄断行为的民事责任

垄断行为的民事责任是因经营者实施了垄断行为并因该行为损害了他人合法权益而引起的,尽管追究这种民事责任可能有多种法律依据且该责任有不同的承担方式,但性质上仍是一种侵权责任。

（一）构成要件

1. 违法行为

这里的违法行为是指"垄断行为"，即经营者达成垄断协议、经营者滥用市场支配地位、具有或者可能具有排除、限制竞争效果的经营者集中行为。

2. 造成损失

这里的损失是指被侵权一方因垄断行为而遭受的不利后果。因为垄断行为产生排除、限制竞争的效果，所以所造成的损失一般都是财产或营业上的损失。如美国在《克莱顿法》第 4 条中就将垄断行为造成的可赔偿范围限定为财产或营业上的损失。

3. 因果关系

因果关系是指加害行为与损失之间是引起和被引起的关系。从我国《反垄断法》第 50 条的规定看，经营者实施的"垄断行为"与给他人造成的"损失"之间应具有因果关系，即实施垄断行为与造成损失是引起和被引起的关系。

4. 具有归责事由

具有归责事由是追究侵权人侵权责任的基础和根据。各国反垄断法对垄断行为承担民事责任的归责事由规定不一:如美国《克莱顿法》第4条在其所规定的三倍损害赔偿中没有提及违法者的主观过错对责任的影响;日本《禁止私人垄断及确保公平交易法》第25条规定,任何事业者或者事业者团体都不能通过证明自己并非故意或者存在过失而免除规定的赔偿责任,实行无过错责任。根据我国《民法通则》和《侵权责任法》的有关规定,侵权责任的归责事由包括过错和无过错,但《反垄断法》第50条未提及故意、过失或无过失。根据《反垄断法》的原理,垄断行为本身就包括了可归责的事由,因此,这里的可归责事由无需单独证明,只需证明实施了垄断行为即满足了具有归责事由的要求。

（二）责任形式

我国《民法通则》第134条规定,承担民事责任的方式主要有:停止侵害;排除妨碍;消除危险;返还财产;恢复原状;修理、重作、更换;赔偿损失;支付违约金;消除影响、恢复名誉;赔礼道歉。以上承担民事责任的方式,可以单独适用,也可以合并适用。《侵权责任法》第15条规定的承担侵权责任的方式主要有:停止侵害;排除妨碍;消除危险;返还财产;恢复原状;赔偿损失;赔礼道歉;消除影响、恢复名誉。以上承担侵权责任的方式,可以单独适用,也可以合并适用。

不过,由于垄断行为主要造成财产上的损害,所以停止侵害、赔偿损失、恢复原状、返还财产和消除危险等责任方式更为常用。

二、反垄断民事诉讼

《反垄断法》第50条赋予了垄断行为受害者提起民事诉讼、获得民事损害赔偿的权利。通过民事诉讼可使因垄断行为受到损害的当事人获得赔偿从而实现正义的矫正效果,也会对违法行为人产生威慑效果。因此,当事人因垄断行为提起民事诉讼的,只要符合《民事诉讼法》第108条和《反垄断法》规定的受理条件,人民法院应当依法受理,并依法审判。

(一)当事人

1. 原告

起诉条件是法院受理案件的依据,符合起诉条件是权利人取得原告资格进而获得诉讼救济的前提,所以如何确定原告的资格对于民事诉讼具有十分重要的意义。

在我国,当事人因垄断行为提起民事诉讼的,应符合《民事诉讼法》第108条规定的受理条件:(1)原告与案件有直接利害关系;(2)有明确的被告;(3)有具体的诉讼请求和事实、理由;(4)属于人民法院受理民事诉讼的范围和受诉人民法院管辖。

2. 被告

反垄断民事诉讼的被告是实施垄断行为并损害到他人合法权益的经营者。

(二)管辖

这里的管辖主要涉及地域管辖和级别管辖。反垄断民事案件的地域管辖,可依照民事诉讼法关于一般侵权民事纠纷确定管辖法院的原则来确定。关于反垄断民事案件的级别管辖,鉴于最高人民法院目前明确由负责知识产权案件审判业务的审判庭审理,因此可比照确定该类案件级别管辖的标准来确定。

(三)举证责任

在反垄断民事诉讼中,应当遵循《民事诉讼法》第64条规定,当事人对自己提出的主张,有责任提供证据。当事人及其诉讼代理人因客观原因不能自行收集的证据,或者人民法院认为审理案件需要的证据,人民法院应当调查收集。

(四)诉讼时效

《反垄断法》本身未规定反垄断民事诉讼的时效,在这种情况下,应适用《民法通则》有关时效的规定。《民法通则》第135条规定,向人民法院请求保护民事权利的诉讼时效期限为2年,法律另有规定的除外。

第五节　反垄断行政复议与行政诉讼

我国《反垄断法》第 53 条规定:对反垄断执法机构依据本法第 28 条、第 29 条作出的决定不服的,可以先依法申请行政复议;对行政复议决定不服的,可以依法提起行政诉讼。对反垄断执法机构作出的前款规定以外的决定不服的,可以依法申请行政复议或者提起行政诉讼。该条表明,反垄断执法机构对于经营者集中行为作出的处理决定属于具体行政行为,相对人如果对该具体行政行为不服,依法可以通过行政复议或行政诉讼两种救济途径维护其合法权益,由此发生的行政复议或行政诉讼可称为反垄断行政复议与反垄断行政诉讼。

一、反垄断行政复议

反垄断行政复议是公民、法人或者其他组织不服反垄断执法机构所作决定采取的具体行政行为,依法向法定的行政复议机关提出复议申请,行政复议机关依法对该具体行政行为进行合法性、适当性审查,并作出行政复议决定的行政行为。

(一)反垄断行政复议的申请人

公民、法人或者其他组织认为反垄断执法机构的具体行政行为侵犯其合法权益的,均可依法作为申请人向行政复议机关申请行政复议。

申请人可以自知道该具体行政行为之日起 60 日内提出行政复议申请;但是法律规定的申请期限超过 60 日的除外。

同申请行政复议的具体行政行为有利害关系的其他公民、法人或者其他组织,可以作为第三人参加行政复议。

(二)行政复议机关及行政复议的受理

依据《行政复议法》第 14 条,对国务院部门的具体行政行为不服的,向作出该具体行政行为的国务院部门申请行政复议。由于目前我国反垄断执法机构属于国务院部门,因此,行政复议的机关为作出具体行政行为的反垄断执法机构本身。

反垄断执法机构收到行政复议申请后,应当在五日内进行审查,对不符合《行政复议法》规定的行政复议申请,决定不予受理,并书面告知申请人;符合规定的,收到之日起即为受理。

值得注意的是,根据《反垄断法》第 53 条,对于商务部针对经营者集中作出的决定不服的,相对人可以先依法申请行政复议;对行政复议决定不服的,可以依法提起行政诉讼。而反垄断执法机构针对其他垄断行为作出的决定,行为相对人既可以依法申请行政复议也可以直接提起行政诉讼。对于前一种情形,根据《行政复议法》第 19 条,行政复议机关决定不予受理或者受理后超过行政复议期限不作答复的,公民、法人或者其他组织可以自收到不予受理决定书之日起或者行政复议期满之日起 15 日内,依法向人民法院提起行政诉讼。

(三)反垄断行政复议的决定

依据《行政复议法》第 28 条规定,行政复议机关应当对反垄断执法机构作出的具体行政行为进行审查,提出意见,经行政复议机关负责法制工作的负责人同意或者集体讨论通过后,按照下列规定作出行政复议决定:

1. 具体行政行为认定事实清楚,证据确凿,适用依据正确,程序合法,内容适当的,决定维持。

2. 反垄断执法机构不履行法定职责的,决定其在一定期限内履行。

3. 具体行政行为有下列情形之一的,决定撤销、变更或者确认该具体行政行为违法;决定撤销或者确认该具体行政行为违法的,可以责令反垄断执法机构在一定期限内重新作出具体行政行为:(1)主要事实不清、证据不足的;(2)适用依据错误的;(3)违反法定程序的;(4)超越或者滥用职权的;(5)具体行政行为明显不当的。

4. 反垄断执法机构不按照《行政复议法》规定的期限

提出书面答复、提交当初作出具体行政行为的证据、依据和其他有关材料的,视为该具体行政行为没有证据、依据,决定撤销该具体行政行为。

反垄断执法机构被责令重新作出具体行政行为的,不得以同一的事实和理由作出与原具体行政行为相同或者基本相同的具体行政行为。

根据《行政复议法》第 14 条的规定,对行政复议决定不服的,申请人可以向人民法院提起行政诉讼,也可以向国务院申请裁决,国务院依照《行政复议法》的规定作出最终裁决。

二、反垄断行政诉讼

行政诉讼是因具体行政行为发生争议,认为自己的权益受到损害的相对人依法向人民法院提起诉讼,人民法院根据相对人的请求依法定程序,通过审查行政行为合法性的方式,解决行政争议的活动。反垄断执法机构作为行政机关应和其他行政机关一样纳入司法审查范围之内,当行政相对人对反垄断执法机构作出的具体行政行为不服时,赋予相对人寻求司法救济的权利和机会。在我国,反垄断行政诉讼主要适用《行政诉讼法》的有关规定。

(一)行政复议和行政诉讼的关系

我国有关法律对于行政相对人在选择复议或者诉讼

问题上规定了以下几种救济途径：（1）由行政相对人在行政复议和行政诉讼之间自由选择，选择了行政复议之后如对复议决定不服仍可提起行政诉讼，称为自由选择型；（2）由行政相对人自由选择行政复议与行政诉讼，但选择了行政复议后即不得再提起诉讼，称为选择复议终局型；（3）行政复议是行政诉讼的必经程序，行政相对人必须先向行政机关申请复议，如不服复议决定，再行起诉，称为复议前置型；（4）以行政复议为终局决定，行政相对人只能申请复议，不能提起行政诉讼，称为复议终局型。

根据《反垄断法》第53条的规定，除有关经营者集中反垄断审查的决定外，当事人可以直接向法院提起对反垄断执法机构的行政诉讼，无须经过行政复议程序。也就是说，当事人可以在申请行政复议和直接提起行政诉讼之间进行自由选择。而对有关经营者集中的决定，可以先依法申请行政复议；对行政复议决定不服的，可以依法提起行政诉讼。

（二）反垄断行政诉讼案件的管辖

《反垄断法》第10条规定，国务院规定的承担反垄断执法职责的机构负责反垄断执法工作，国务院反垄断执法机构根据工作需要，可以授权省、自治区、直辖市人民政府相应的机构，依照《反垄断法》规定负责有关反垄断执法工作。根据《行政诉讼法》有关条文规定,对国务院各部门或者省级人民政府所作的具体行政行为提起诉讼的案件和本辖区内重大复杂的案件,一审由中级人民法院管辖。高级人民法院管辖本辖区内重大、复杂的第一审行政案件。最高人民法院管辖全国范围内重大、复杂的第一审行政案件。这些规定是确定反垄断行政诉讼案件管辖的重要依据。

（三）反垄断行政诉讼的原告

行政诉讼的原告资格问题是启动对行政行为的司法审查程序的一个关键问题。公民、法人或者其他组织认为反垄断执法机构的具体行政行为侵犯其合法权益,均有权依《行政诉讼法》第41条规定的起诉条件向人民法院提起行政诉讼:第一,原告是认为具体行政行为侵犯其合法权益的公民、法人或者其他组织;第二,有明确的被告;第三,有具体的诉讼请求和事实根据;第四,属于人民法院受案范围和受诉人民法院管辖。

（四）反垄断行政诉讼的被告

我国目前由发展改革委、商务部和工商总局作为国务院反垄断执法机构承担反垄断执法职责。同时,这三个部门根据工作需要也可以授权省、自治区、直辖市人民政府相应的机构,负责有关反垄断执法工作。因此,这些机构有可能成为反垄断行政诉讼的被告。至于国务院反垄断委员会,由于其本身并不承担反垄断执法的职责,不是反垄断执法机构,因而不会成为反垄断行政诉讼的被告。

(五)反垄断行政诉讼的审理和判决

人民法院审理反垄断行政案件,应当组成合议庭进行公开审理,除非涉及国家秘密、个人隐私和法律另有规定。诉讼期间,有下列情形之一的,应停止执行具体行政行为:(1)被告认为需要停止执行的;(2)原告申请停止执行,人民法院认为该具体行政行为的执行会造成难以弥补的损失,并且停止执行不损害社会公共利益,裁定停止执行的;(3)法律、法规规定停止执行的。

人民法院经过审理,可根据不同情况,分别作出以下判决:第一,具体行政行为证据确凿,适用法律、法规正确,符合法定程序的,判决维持;第二,具体行政行为有下列情形之一的,判决撤销或者部分撤销,并可以判决被告重新作出具体行政行为:(1)主要证据不足的;(2)适用法律、法规错误的;(3)违反法定程序的;(4)超越职权的;(5)滥用职权的。第三,被告不履行或者拖延履行法定职责的,判决其在一定期限内履行。第四,行政处罚显失公正的,可以判决变更。

人民法院判决被告重新作出具体行政行为的,被告不得以同一的事实和理由作出与原具体行政行为基本相同的具体行政行为。

当事人不服人民法院第一审判决的,有权在判决书送达之日起15日内向上一级人民法院提起上诉。当事人不服人民法院第一审裁定的,有权在裁定书送达之日起10日内向上一级人民法院提起上诉。逾期不提起上诉的,人民法院的第一审判决或者裁定发生法律效力。

人民法院审理上诉案件,按照下列情形分别处理:第一,原判决认定事实清楚,适用法律、法规正确的,判决驳回上诉,维持原判;第二,原判决认定事实清楚,但适用法律、法规错误的,依法改判;第三,原判决认定事实不清,证据不足,或者由于违反法定程序可能影响案件正确判决的,裁定撤销原判,发回原审人民法院重审,也可以查清事实后改判。当事人对重审案件的判决、裁定,可以上诉。

第八章 附 则

本章讲述《反垄断法》的附则部分。该"附则"共三条，分别对经营者滥用知识产权，排除、限制竞争的行为和农业生产者及农村经济组织的反垄断法适用除外制度以及我国《反垄断法》的实施日期进行了规定。这些规定对于我国《反垄断法》的实施同样具有不可忽视的重要意义。就实施日期而言，我国《反垄断法》第57条将实施日期规定为2008年8月1日。之所以将实施日期确定为颁布日约一年之后，是为了使社会各方面都能够有一个比较充分的时间做好法律实施前的各项准备工作。对执法机构而言，可以为新法的实施做立法和执法方面的准备，包括制定实施条例、细则、指南和对未来的执法进行人员调配和培训。对经营者而言，也能够较早地认识和学习《反垄断法》，根据该法审察自身，纠正自己之前践行的不法行为。从目前社会各界的反应看，效果是比较理想的，基本达到了立法时预设的各项目标。

一、经营者滥用知识产权，排除、限制竞争的行为

作为一种无形财产权，知识产权通常是指人们对脑力劳动创造出来的智力成果依法享有的排他性权利。具体来讲，知识产权通常包括专利权、商标权和著作权，此外，在某些情况下商业秘密也被包含在知识产权的范畴当中。

由于知识产品的无形性和可复制性的特征，知识产品被创造出来之后很容易被他人"搭便车"；但另一方面，知识产权的创作过程又可能非常艰难，成本巨大。因此，我们必须用法律的手段来保护知识产品，避免出现无偿利用他人智力成果的行为。知识产权制度正是通过赋予知识产权人在一定时期和一定地域范围内的独占权，使权利人通过使用或许可他人使用等方式补偿自己发明创作过程中的成本，并在此基础上获得一定的收益。只有通过这样的一种激励方式和手段，才能够促进发明和创作的不断涌现，才能促进人类社会文明程度的不断提高。因此，知识产权制度为现今世界绝大部分国家和地区所接受和使用，并通过《保护知识产权巴黎公约》、《世界版权公约》、《保护文学艺术作品伯尔尼公约》等获得国际层面的认可或接受。

但是，任何权利的设定和行使都应有其合理的边界，知识产权制度同样如此。一旦知识产权成为权利人实施垄断行为,排除、限制竞争的工具,则应受到反垄断法的制裁。可见,虽然知识产权法律制度与反垄断法律制度具有共同的立法目标,即鼓励和促进创新,但是两者的作用机理是不同的。如前所述,知识产权法律制度是通过赋予创新者在一定时期和一定地域范围内的独占权,使之能够回收其研究开发的成本并获得一定的收益,以此激励创新。反垄断法则是通过促进知识领域的竞争,防止因知识产权人滥用其知识产权对市场竞争机制造成损害来保障、鼓励和促进经营者在良性市场竞争环境下积极创新。

有鉴于此,我国《反垄断法》第55条规定:"经营者依照有关知识产权的法律、行政法规行使知识产权的行为,不适用反垄断法;但是,经营者滥用知识产权,排除、限制竞争的行为,适用反垄断法。"对本条的理解可以分为两个方面:第一,我国保护依照专利法、商标法、著作权法等知识产权法律获得知识产权的权利人的各项合法权利。第二,知识产权人只能依法享有和使用各项知识产权,不得将其作为实施垄断行为,排除或限制竞争的手段或方法。《反垄断法》对知识产权人或其他合法使用者经营者滥用知识产权,排除、限制竞争的行为进行调整和规制。

(一)知识产权人的合法权利受法律保护

知识产权本质上是一种私权,权利人享有排他性的权

274

利。知识产权人在知识产权法律制度框架内行使知识产权的行为受法律的保护。在知识产权领域,这种财产权的行使主要表现为知识产权人自己使用或许可他人使用自己知识产权的权利。

(二)知识产权不得被权利人作为实施垄断行为,排除或限制竞争的手段或方法

任何权利的行使都不能超越其法定的边界,禁止权利滥用是一项重要的法律原则。知识产权制度同样如此:一旦知识产权人将知识产权作为其实施垄断行为,排除或限制竞争的手段或方法,产生或可能产生严重妨害市场竞争机制运行的后果,则构成反垄断法意义上的知识产权滥用,就要受到反垄断法的调整和规制。

一般情况下,反垄断法并不将滥用知识产权违反反垄断法的行为单独作为一类垄断行为而对之进行专门的规定。因此,反垄断法意义上的知识产权滥用行为可能表现为垄断协议或滥用市场支配地位。如,相互竞争的知识产权人之间达成的固定专利许可费的协议、限制创新的协议;在某一技术市场具有支配地位的知识产权人为了加强自己的支配地位,直接或者变相地拒绝许可使用知识产权或者在许可使用知识产权时附加不合理的交易条件等等。在某些情况下,反垄断法意义上的知识产权滥用行为也可

能出现在经营者集中的反垄断审查中。如，经营者之间通过合并或者购买等形式取得竞争者所掌握的专利技术等知识产权可能会给市场竞争机制的良性运行造成严重的负面影响，这个时候反垄断法就会介入，以维护市场竞争机制的良性运行。

《反垄断法》之所以如此规定，主要因为反垄断执法机构在衡量某一知识产权的行使是否具有反垄断法意义上的排除、限制竞争的效果时，一般并不采用特别的原则或方法，大多数情况下均适用反垄断审查的一般原则和标准。但这并不是说对反垄断法意义上知识产权滥用的审查在所有方面都与对其他涉嫌违法的垄断行为的反垄断审查完全一致。知识产权具有许多与其他形式财产权相区别的重要特点，如非常容易被盗用等，因此在进行反垄断审查时要考虑到这些特点。

由于我国《反垄断法》对垄断行为的规制采用了合理分析原则，因此也应适用合理分析原则对涉嫌滥用知识产权实施排除、限制竞争行为进行分析判断。除少数情形外，一般要通过界定相关市场、分析行为的目的、性质和表现方式、分析某一特定行使知识产权行为对市场竞争特别是在某一特定的相关领域内对技术创新所产生的影响，最终对行为是否违反反垄断法做出判断。具体来讲，分以下几个步骤：

首先，确定相关市场。在判定反垄断法意义上的知识产权滥用时，一般应划定相关市场。这里，执法机构不仅要考虑相关商品市场、地域市场，在一些案件中还要界定相关技术市场。所谓相关技术市场，就是指经营者之间进行竞争的技术领域，包括替代性技术和替代性技术产品。考虑某一知识产权使用行为对相关技术市场的竞争影响，就是要考虑某一特定知识产权使用行为是否会对一定领域内相关技术创新或技术竞争产生排除、限制竞争，抑制创新的后果。

其次，确定相关市场之后，在分析知识产权使用行为对市场竞争的影响时，反垄断执法机构应当将各项相关因素纳入考察范围，包括但不限于：行使知识产权的经营者与竞争者、交易相对人的市场地位，相关市场的集中程度，相关市场进出的难易程度，产业惯例与产业发展的程度，行使知识产权行为的时间、效力范围等限制条件，行使知识产权行为对促进创新和技术推广的影响，经营者的创新能力和技术变化的速度等因素。

最后，知识产权使用行为具有或可能具有严重排除、限制竞争的损害后果。某一知识产权使用行为所具有或可能具有的严重排除、限制竞争的损害后果，既可以表现为对现实竞争的排除、限制,例如通过知识产权的取得或者独占性许可减少相关市场竞争者的数量,或者通过知识产权交叉许可协议消除经营者之间原本存在的竞争;也可以表现为对潜在市场竞争的排除、限制,例如通过拒绝许可知识产权行为,控制关键技术等资源,设置或者提高相关市场的进入障碍,使得其他经营者不能以合理的条件获得该资源,阻止潜在竞争者的进入。

值得注意的是,知识产权使用行为通常都会同时具有正负两方面影响。一方面,它可以促进技术和产品的更新换代,促进产业升级,有利于提高社会生产力,进而提升社会总福利和消费者福利。例如,通过合作开发协议,可以加速技术创新的步伐;通过创新或者技术的传播利用,可以提高生产或者资源利用的效率等。但与此同时,又会产生排除、限制竞争的效果。这种情况下,就需要由反垄断法执法机关进行综合的衡量,如果行使知识产权行为虽然对竞争产生或者可能产生不利影响,但经营者能够证明该行使知识产权行为同时也产生或者可能产生有利影响,且有利影响大于不利影响,则国务院反垄断执法机构可以对之不依反垄断法进行干预或限制。

二、农业生产者及农村经济组织适用除外

我国《反垄断法》第 56 条规定:"农业生产者及农村经

济组织在农产品生产、加工、销售、运输、储存等经营活动中实施的联合或者协同行为,不适用本法。"这为我国农业生产者和农村经济组织在一定条件下和一定范围内排除反垄断法的适用提供了法律依据。

（一）适用除外制度概述

所谓适用除外制度,是指为一定的社会经济目的而将某些特定行业或特定领域排除在反垄断法的调整范围之外的一种制度安排。

虽然各国的反垄断法大多存在适用除外制度,但由于不同的经济发展状况和经济发展阶段,所划定的反垄断法适用除外制度的范围并不完全一致。但一般包括了经营比较分散,容易波动且关乎国计民生的农业以及不应过多过滥开采的自然资源领域。

（二）农业除外适用反垄断法的基本原理

农业自身的特点决定了其是一种不适合激烈竞争的产业:首先,农业对于自然条件的依赖性很强,生产者一般很难及时适应市场的变化而迅速转产。农产品生产周期长、季节性强,当期的生产计划基本上是根据上期的价格走势确定,无法随着市场需求的变化及时作出调整,滞后于市场需求的变化。其次,农业生产的波动性大。在农业生产的过程中,可能会遭遇洪涝、干旱、沙尘暴、病虫害和瘟疫等灾害,生产形势在很大程度上要依赖于自然条件的好坏,具有很大的不确定性;第三,农产品的供需弹性小,可替代性较差。农产品供给往往缺乏弹性,产出水平可能太多或太少。当产出太少时,面对市场机会农业生产者也会无能为力,错失赚钱的机会;而当产出太多时,因农产品大多具有鲜活、易腐、不耐存储等特点,农业生产者又只能蒙受巨大的经济损失;最后,农业在国民经济中处于基础地位,直接影响着人民的基本生活需求。农业的这些特点决定了农业生产始终存在风险,农业领域的竞争必须维持在一个适当的程度,激烈的市场竞争并不利于农业经济的发展和农民利益的保护。

有鉴于此,许多国家不仅允许农业生产者订立限制竞争的协议,而且国家还规定农产品的最低保护价格,或者由国家给予补贴或直接参与购销活动,以体现对农业及农业生产者的保护。这方面非常典型的例子当属欧盟,共同体农业政策作为欧共体最早实施的一项共同政策,多年一直被认真贯彻和实施。2005 年,欧盟颁布了《关于共同农业政策财政的第(EC)1290/2005 号规则》,为共同体农业政策的财政支出建立了单一的法律框架,并于 2007 年 1 月 1 日起全面实施。2007 年 3 月 27 日,欧盟又颁布了《关于共同农业政策直接支持计划和对农民支持计划中自愿调整直接支付规定的第（EC）378/2007 号理事会规则》。2008 年 5 月又正式推出欧盟共同农业政策改革草案。时至今日，欧盟范围内绝大多数农产品是由欧盟统一管辖，并对农产品贸易实行各种程度不同的补贴。根据欧共体竞争法的相关规定，欧盟农业政策优先于竞争政策。同时，根据欧盟《关于农产品生产和销售适用特定竞争规则的(EC)第 1184/2006 号理事会条例》，农业领域的协议行为是反垄断法适用除外的行为。另外，如美国《克莱顿法》第 6 条规定："人的劳动不是商业中的商品或货物。反托拉斯法中的规定不得解释为禁止出于互助目的，不具股本，不为营利而组成的劳动、农业或园艺组织的存在或营运；或禁止、限制这些组织中的个人为实现合法目的所从事的活动；对这些组织或其成员也不应视为反托拉斯法所禁止的限制贸易的非法联合或共谋。"1922 年的《卡伯尔—沃尔斯特法》进一步将《克莱顿法》所没有涵盖的股本农业合作社也列为反托拉斯适用除外的范围。1934 年，《渔业供销合作法案》对渔业组织予以部分的适用除外。德国《反限制竞争法》第 28 条也规定：关于禁止卡特尔的规定不适用于农业生产者企业；植物栽培企业和动物饲养企业以及在该类企业的层次上从事经营的企业，也视为农业生产者企业。

我国是一个农业大国,农业和农村人口占有较大的比重,农业也是我国国民经济的基础。然而,和发达国家相比,我国的农业发展还比较落后,基础薄弱,而人民生活和工业发展对农产品的需求很大,因此农业压力比较大。特别是我国加入世界贸易组织后,随着进口农产品对我国农业的冲击加大,国家更应当采取多种保护措施对农业发展加以保护和扶持。因此,《反垄断法》明确将农业生产者以及农村经济组织在农产品生产、加工、销售、运输、储存等经营活动中实施的联合或者协同行为排除在适用范围之外。

(三)反垄断法对农业适用除外的规定

我国《反垄断法》第56条对农业生产者及农村经济组织适用除外的规定应当从以下三个方面把握和理解:

1. 对"农业"的理解和把握。这里的"农业"应当是大农业的概念,包括种植业、林业、畜牧业和渔业等产业,并包括与其直接相关的产前、产中和产后服务。

2. 对"农业生产者"和"农村经济组织"的理解和把握。"农业生产者"既包括农民,也包括农业企业以及其他直接从事农业生产经营活动的组织;而"农村经济组织"既包括农民专业合作经济组织,也包括农村集体经济组织,且上述主体以外的从事与农业有关的生产经营活动的

经营者的行为,仍然要适用《反垄断法》第 56 条的除外
规定。

3. 对农业生产者和农村经济组织排除适用反垄断法
行为的把握和理解。依据第 56 条的规定,农业生产者和农
村经济组织排除适用反垄断法的行为范围包括农产品生
产、加工、销售、运输、储存等经营活动中实施的联合或者
协同行为。农业生产者和农村经济组织的上述行为可以
不受反垄断法相关规定的约束,即不论联合或协同行为的
影响和效果如何,反垄断法均不予评价。

后　记

　　我国《反垄断法》实施已近四年,期间社会各界高度关注、讨论热烈,国内外学者对我国《反垄断法》的研究日益深入,发展改革委、商务部和工商总局作为国务院反垄断执法机构,认真履行职责,严格依法行政,积极开展了一系列反垄断执法工作。《反垄断法》的有效实施为维护我国正常的市场经济秩序,倡导公平的市场竞争起到了积极的促进作用。

　　为进一步提高社会各界对实施《反垄断法》的意识,营造良好的《反垄断法》实施环境,国务院反垄断委员会(以下简称"委员会")按照普法工作计划,统一组织编写了《中华人民共和国反垄断法知识读本》,对我国反垄断法共计8章57条规定的具体含义进行了详尽解读。

　　本书共九部分。导论,介绍反垄断法律制度的产生和发展,我国反垄断立法的背景、指导思想、地位和作用,以及我国反垄断法的主要内容。第一章,解读《反垄断法》总则部分,包括总则和分则的关系,总则的主要内容,反垄断立法目的,反垄断法适用范围、相关原则和指导性规定,反垄断机构设置,以及经营者和相关市场的概念等。第二章,主要介绍横向垄断协议和纵向垄断协议以及《反垄断法》对垄断协议的规制。第三章,介绍市场支配地位的认定以及《反垄断法》对滥用市场支配地位的判定和制裁。第四章,介绍经营者集中的概念和《反垄断法》对经营者集中的控制制度和审查制度。第五章,介绍滥用行政权力排除、限制竞争的概念和对其予以禁止和规制的意义。第六章,介绍对涉嫌垄断行为的调查制度和具体操作。第七章,介绍违反《反垄断法》应承担的法律责任。第八章,介绍《反垄断法》附则部分涉及的滥用知识产权排除、限制竞争的行为,以及农业生产者及农村经济组织的反垄断法适用除外制度。

委员会办公室多次组织召开编写工作会,对本书的指导思想、编写方案、提纲结构等方面进行研究,并提出了明确要求。商务部、发展改革委和工商总局等三家反垄断执法机构以及国务院法制办对本书的编写工作高度重视,分别抽调骨干力量集中参与书稿的撰写和审定工作。商务部反垄断局局长、委员会办公室主任尚明同志,发展改革委价格监督检查与反垄断局副局长李青同志,工商总局反垄断与反不正当竞争执法局副巡视员桑林同志对书稿相关章节内容进行了严格把关。发展改革委只升敏、商务部尹燕玲、工商总局曹红英、法制办张要波等同志均全程参与了相关章节的撰写、校对和审定。本书的编写工作还得到了反垄断领域专家学者的大力支持,黄勇、吴汉洪、时建中、王先林、徐士英等同志也均具体参与了本书的起草、编写和统稿工作。

由于编者水平有限,加之中国反垄断法理论和实践正在不断发展完善的过程中,书中难免有疏漏和缺憾之处,敬请有关专家和广大读者批评指正。

——编者

责任编辑:张 旭
装帧设计:徐 晖

图书在版编目(CIP)数据

《中华人民共和国反垄断法》知识读本/国务院反垄断委员会 编.
-北京:人民出版社,2012.9
ISBN 978－7－01－009590－5

Ⅰ.①中… Ⅱ.①国… Ⅲ.①反托拉斯法-中国-学习参考
  资料 Ⅳ.①D922.294

中国版本图书馆 CIP 数据核字(2010)第 265053 号

《中华人民共和国反垄断法》知识读本
ZHONGHUARENMINGONGHEGUO FAN LONGDUAN FA ZHISHI DUBEN
国务院反垄断委员会 编
人民出版社 出版发行
(100706 北京市东城区隆福寺街 99 号)

北京中科印刷有限公司印刷 新华书店经销

2012 年 9 月第 1 版 2012 年 9 月北京第 1 次印刷
开本:880 毫米×1230 毫米 1/32 印张:9.125
字数:160 千字

ISBN 978－7－01－009590－5 定价:30.00 元

邮购地址 100706 北京市东城区隆福寺街 99 号
人民东方图书销售中心 电话 (010)65250042 65289539